青春文学精品集萃丛书

红叶是
秋风的守望者

《语文报》编写组　选编

时代文艺出版社

图书在版编目（CIP）数据

红叶是秋风的守望者 / 《语文报》编写组选编. --
长春：时代文艺出版社，2022.3
　（青春文学精品集萃丛书. 守望成长系列）
　ISBN 978-7-5387-6992-0

　Ⅰ.①红… Ⅱ.①语… Ⅲ.①作文－中小学－选集
Ⅳ.①H194.5

中国版本图书馆CIP数据核字(2022)第032956号

红叶是秋风的守望者
HONGYE SHI QIUFENG DE SHOUWANG ZHE
《语文报》编写组　选编

出 品 人：陈　琛
责任编辑：孙英起
装帧设计：陈　阳
排版制作：隋淑凤

出版发行：时代文艺出版社
地　　址：长春市福祉大路5788号　龙腾国际大厦A座15层　（130118）
电　　话：0431-81629751（总编办）　　0431-81629755（发行部）
官方微博：weibo.com/tlapress
开　　本：650mm×910mm　1/16
字　　数：135千字
印　　张：11
印　　刷：永清县晔盛亚胶印有限公司
版　　次：2022年3月第1版
印　　次：2022年3月第1次印刷
定　　价：38.00元

编 委 会

主　　编：刘应伦

编　　委：刘应伦　赵　静　李音霞

　　　　　郭　斐　刘瑞霞　王素红

　　　　　金星闪　周　起　华晓隽

　　　　　何发祥　朱晓东　陈　颖

　　　　　段岩霞　刘学强

本 册 主 编：孙开仁　李继平

本册副主编：左刚强　徐四芬

Contents 目 录

我听到了冬天的脚步 / 汲晨静 002

念想 / 周紫芹 004

捡拾幸福 / 孙天衡 006

有一种爱叫温暖 / 徐师慧 008

您用陪伴温暖了我 / 王雨彤 010

一杯水的幸福 / 熊蕾 012

课余拾趣 / 郑好 014

姥姥温暖着我 / 陈欣悦 016

童年里趣事多 / 张苏敏 018

我那可爱的小妹 / 查睿姝 020

爱的味道 / 曾非凡 022

因为爱着，所以记得 / 孙佳玲 024

这次，我没有食言 / 曾雨晨 026

四季的颜色

银杏叶 / 乐妙妙 030

枫叶 / 宋圣平 032

故乡的雪 / 彭　阳　034

生命如风 / 韩　峰　036

秋天的味道 / 邓佳琴　038

蒲公英·风景 / 王　倩　040

山重水复疑无路 / 孙加臣　042

我愿化作一朵小小的云 / 祁雅倩　044

四季的颜色 / 韩　萌　046

春绘 / 周　通　049

蔷薇花瓣 / 刘　畅　051

雪花，触动了我的心灵 / 张雨涵　053

那一幕，令我难忘 / 孙紫英　055

最美的回忆 / 罗池薇　057

那一刻春暖花开 / 黄齐荣　059

别样的朋友

别样的朋友 / 陈思玙　062

迟到 / 孙家正　065

灭蚊大战 / 祁先锟　067

同桌的他 / 曾梦丹　069

完美谢幕 / 祁舒雯　071

那一次，我真感动 / 宋　博　073

请你停下来 / 丁思琪　075

快乐是个小精灵 / 王子茜　077

至少，还有人能记得你 / 董川娥　079

一次相逢一次暖

亲情，弥漫在山路间 / 周君艺　082

美丽的遇见 / 熊紫依　084

爸爸，我想你了 / 祁志国　087

缕缕药香 / 张耕夫　089

邂逅一段美丽的童年 / 张 妮　091

晒晒我家的那些事儿 / 陈梦婷　093

"纯棉"的母亲 / 余 意　096

安然握住那份好 / 曾雨晨　098

我的爷爷 / 刘菲菲　101

七彩童年 / 尹术熠　103

这就是我 / 段志伟　105

一次相逢一次暖 / 胡嘉文　107

我和明天有个约定

一盏心灯 / 孙 启　110

我好想化作一只鸟 / 屈思琴　112

我的名字叫岚 / 丁 鸾　114

晒晒我那"奇葩"的家人 / 刘 灿　117

"奇葩"老弟 / 叶雨菲　120

"零食"最重要 / 屈 苗　122

"榴莲" / 孙家正　124

我的"自恋狂"同桌 / 孙 彤　126

红叶是秋风的守望者

棒棒糖的小幸福 / 周焕念 128

给自己的一封信 / 曾可佳 130

我和明天有个约定 / 祁　晗 132

精彩背后 / 郭卓晗 135

精彩的辩论会 / 罗思敏 137

去年的歌 / 刘名洋 139

乡间 / 黄泽典 141

地球上的最后一天

奔跑吧，藏獒 / 彭　硕 144

就诊 / 涂　依 146

当"官"的烦恼 / 孙佳玲 148

关于一只苍蝇的对话 / 刘维熙 150

让我停止哭泣 / 熊怡婷 152

我很"宅" / 余梦宇 154

距离 / 叶婉蝶 156

我是手机 / 祁志国 158

地球上的最后一天 / 周　琴 161

太空垃圾奇遇记 / 吴　慧 164

最后一天 / 张　雁 167

爱 的 味 道

我听到了冬天的脚步

汲晨静

我听到了冬天的脚步声，那是呼啸的北风带来的。

冬天来了之后，天黑得就早了，有时天空是那么暗，好像是哪吒用旗子把日月星辰遮住了似的。关上窗，一阵阵风敲打着玻璃，好像在欢呼着冬天的到来。这风吹过冬天的小草，小草变得枯黄、消瘦，好像是一个营养不良的孩子。吹过树木，树木像是那残垣断壁般残缺不全，再没有它以前那葱郁的模样。树枝上只有几片残缺的黄叶，在寒风中瑟瑟发抖，似乎是不愿离开它的母亲……只有那些苍翠的松柏、冬青还在那里耸立着，对抗着北风，似乎是坚守哨位的军人。

我听到了冬天的脚步声。那是点点雪花带来的和小朋友们"下雪了"的欢呼声。

冬天，雪花从天空中纷纷扬扬地落了下来，像是来自天上的花瓣儿一样。那些雪花，宛若一个个小小的仙女，舞动着柔美的身姿，在跳芭蕾舞，那妩媚动人的样子，真让人心旷神怡。

唉！那些花儿也真是的，平日看起来挺高贵，可是，它们那么惧怕冬天的寒冷，还没等到雪花落在身上，就早早地凋零了。

只有蜡梅对抗着白雪，在寒风中开放，为冬天添了不少光彩。

冬天带来寒冷，许多人、植物是那样惧怕冬天的寒冷。可我们小学生可不怕，我们在风风火火地晨练着，并放开喉咙在大声地朗读。

我听到了冬天的脚步声，我在迎接冬天。

念　想

周紫芹

　　记忆中的童年里，阳光总是漫过对面的屋顶落在老家门前，落在倚靠在长木椅上两位老人的脸上，填满他们那深沟一样的皱纹。那时若是现在的秋，那阳光便是一种幸福，上天的眷顾，吝啬而又珍惜。他们便是我的外公外婆。稀薄的阳光下，他们好像一对比翼鸟，幸福而安详。

　　那时没有了爷爷奶奶，我便在外公外婆无微不至的照顾下长大。我还记得，老家的墙是泥砌的，日子一久，风吹日晒便结成一层一层。我经常就随手抠下一块来，那墙也变得斑驳起来。外公这时会慢慢地从门前的椅子上站起来，轻轻招一招手。外公那弱不禁风的样子便引得我乖乖过来。他轻轻地把我搂着，我想起身却不敢挣开外公的手。

　　而后便是身在异乡，家乡的事我也就不知晓了。

　　再见到他时，带着痛心。

　　那时外公得了病，头发都掉光了，戴了一顶帽子，瘫坐在椅子上。从此他便很少说话，只是有亲戚子女来拜访时，才笑着说自己不行了，他们好说歹说，才逼得外公收回原话。

再别时总牵挂着外公，最后一次相见啊，却是噩耗。

白色的布模糊了我的眼，耳边尽是铜锣喇叭的鸣奏。我披着衣服，被牵着走过披着丧服的人群，走过漫天的白纸。在那排放声大哭的人群里，我看到外公的遗像。我早就惶恐的心越发痛苦。

火盆里的火越烧越旺，香炉里的烟升起来。有人在我的身边悲号。一个人，却能牵动这么多人的心啊！

我没有下跪，也许是当时的不谙世事，也许是不知所措。

我心爱的外公离我而去，外婆也成孤独的老人。

经历了生死别离，我知道我要失去一些。但我的心里多了一些沉甸甸的念想。

捡 拾 幸 福

孙天衡

牛顿在知识的海岸边捡拾欢乐，而我则是在平凡的生活中捡拾幸福的吧！

小时候，幸福就像蜡烛暖黄色火焰旁的光晕，一圈圈散向四周。这是我一生中过的唯一一次生日，直到那之后，才明白出生的那一天的起点，我们可以重新走过，那次是在昏暗的小房子里，门板的缝隙间漏出几点街道的繁华。爸爸忙了一天，处理完手里的杂务，买了一个在我看来只不过巴掌大的小蛋糕，我能想象他向蛋糕店里销售员要蜡烛时的那种尴尬。只不过餐桌上摆满了爸爸亲手做的饭菜。点燃蜡烛，饭菜的香气便飘绕在窄小的房间里，我可以透过蜡烛的微光，看见围坐在桌边的一家三口，那个天真的孩子脸上洋溢的欢乐模样，我可以感受到爸妈的满足。

幸福就像烛光，风过影动时，它会闪烁跳跃，在那黑暗之中升起一团光。

再后来，幸福就像是一双手套，毛茸茸的棉布里，总有我的纠杂。身在异乡的时候，一直听说我有个姐姐，但时日久了，也便不以为然。那日回乡见到她时，我仿佛像触电一般忆及幼时我与姐姐之间的"战争"与"和平"。只不过那时，受欺负的总是她。她眯起眼笑成一条线似的，像乌云散尽后的阳光，使我不再觉得惶恐，却又不自觉拘谨起来。终于我们之间没有了"战争"，却只有冷漠的"和平"。直至那年冬天，她的手冻得通红却硬是把那双手套塞给了我。我感到莫大的惊慌和欣喜，只是她的微笑让我恢复平静。时间和距离的伤痕一旦愈合，幸福也就将是平静而珍贵的。

幸福就像一双手套啊，总能引起我的无限感慨。那个寒冬，因为这幸福而火热起来。

我的生日每年都有，但不一定会过；我的姐姐一直都不在身边，但不一定会孤独。幸福就像海边的贝壳，五彩斑斓，潮起潮落，但它不会褪色。

有时会想，幸福是头顶上的鸟，最远处的山。其实，幸福一直都在我的面前等着我捡拾。

有一种爱叫温暖

徐师慧

一转眼，一刹那，一瞬间，你就这样苍老，而我就这样长大。仿佛昨天我还坐在你肩膀上，大言不惭地说："我以后一定会比你强大得多。"那时的你抽着烟，烟熏疼了我的眼，你用胡子扎我，我哇哇直叫，而你哈哈大笑。

今天凌晨五点来钟，我准时在你的卧室，大喊："爸爸，起床了。"你一个激灵从床上弹起来，一个劲地说："睡忘了，睡忘了。"那副懊恼的样子像极了做错事的孩子。你急急忙忙穿戴好，和我一起出门。坐在车上，你自责道："我以后一定早起，免得浪费你的时间。""你每次都这样说。"我有点儿不满地瞥了你一眼，就看见你充满血丝的眼睛，还有浑浊的眼白。我记得以前你的眼睛是多么的神采奕奕啊，就好像几百瓦的灯泡，明亮极了。你停顿了下，颇感慨道："人真是老了，当年都是我喊你起床，你老是赖床，现在没有这个精力，不知道以后还能不能送你上学。"听到这我哽咽了，把头转向窗外，一排排的景致飞一般地向后倒去，这种感觉像极了时间带给人的无措。

你真的老了么？你真的老了。

时间冲走了许多东西，却将更多的温暖积淀在心间。

十分钟的路在时间的嘀嗒中很快走到了尽头，下车前，你突然想到什么似的，从车里拿出了几颗糖："你不是喜欢吃么？拿去学校吃。""你在车里还放糖？服了你了。""还不是怕你想吃。"我笑了笑，看见你缓慢地转过身，用手捶了捶肩。就是在你弯下身的瞬间，我看见你为数不多的发丝里夹杂着白丝。这一瞬间，我看到了你的苍老。

岁月苍老了你的容颜，而那份温暖永远没变。

握着手中的糖，我想起那年和你一起逛超市，回来的时候，手里提着大包小包，全是糖果，老远还能听见你爽朗的笑，那笑声里，满是温暖的味道。

仿佛昨天依然在眼前，我坐在你的肩膀上，说着自己伟大的梦想，听见你的笑声。今天，你是真的苍老了。然而，我心中有更多的温暖在。

您用陪伴温暖了我

王雨彤

陪伴，是最长情的告白。

房间里静谧得不像话，只听见笔尖在纸上划过，发出"沙沙"的声音。我仿佛听见古钟的钟摆在不停地晃动。"滴答，滴答"，终于，十点的钟声敲响了，我也郑重地在作业本上写下最后一个句号。我放下笔，伸了个懒腰，打着哈欠说："终于写完！"当我走进客厅喝水的时候，才诧异地发现妈妈坐在沙发上："妈，你怎么还不睡觉啊？都这么晚了！"母亲抬起头说："没事，我等你呢。你去睡吧！"妈妈的话，让我疲惫而迷糊的心清明了几分。我总是劝妈妈先去睡，不用陪我到这么晚，她总是不听，经常在我写作业时送来热水和水果，安抚我浮躁的心，让我更有力量去解决难题去冲刺。

她像寒风中的一束火光，微弱却温暖，使我在寒风中加快了行走的步伐。

每当放学踏出校门的那一刻，我总能看见那个熟悉的身影，明明那样矮小，却让我心里暖洋洋的。我走过去，伸过手去拉她的手，她的手是冰冷的。我知道她又在门口等了不短的时间。

我看着她的头上，几根因灯光的照射而显得格外显眼的白发，我才想起她已经老了！而我在一天天长大。慢慢地，妈妈的嘴巴、鼻子、眼睛、眉毛、额头，它们已经无法测量我的身高了。现在，我已经比妈妈高出半个头了，我无法想象妈妈用这么弱小的身体，陪伴我这么多年。多么漫长的岁月。它让人感到艰辛和沉重，也使我感到温暖和力量。我紧紧握住妈妈的手……

我喜欢一句话，"陪伴，是最长情的告白"。但我认为那些岁月，不及母爱的亿万分之一，无法体现母爱的深邃伟大！妈妈，谢谢您！谢谢您用爱陪伴和温暖了我。

一杯水的幸福

熊　蕾

当我们渴了的时候，最需要的是什么呢？也许不同的人有不同的答案。我认为，是小小的一杯水。一杯水虽小，但它带给人的却是最大的幸福。

那是一个炎热的夏天，一大早妈妈就起来了，赶到田里去锄草。当时我和妹妹还小，也跟着妈妈去田野里玩耍。在田野里，我和妹妹赛跑、捉迷藏、逮蚱蜢，玩得不亦乐乎。太阳渐渐升高了，而我们的兴致却丝毫未减。不知玩了多久，我和妹妹累了，就在一棵大树下歇息。我凝视着妈妈，只见妈妈的额头上挂着一串串汗水，在阳光的照耀下，那汗水像一颗颗珍珠一样，不断地往土里掉。我不禁背起了刚刚学过的一首诗："锄禾日当午，汗滴禾下土。谁知盘中餐，粒粒皆辛苦。"

妈妈听见了我的声音，停了下来，她向我伸出了大拇指，说："背得真好！真是一个好孩子！"妈妈不停用袖子擦去汗水，我拿出小手绢，跑过去给妈妈擦汗。"谢谢你！好孩子！妈妈的汗已经干了，你快去歇着吧，别晒坏了。"妈妈用那温柔而又粗糙的手抚着我的头说。我仿佛看到妈妈的眼里闪着一种喜悦的光。

我和妹妹继续在树下玩耍，我们唱歌、猜谜语、背古诗，妈妈不时地朝我们微笑。太阳已经到了头顶，妈妈的工作终于完成了。我们一起欢呼着回家去。

妈妈回到家里，就在椅子上坐了一会儿。她不时地用手捶着背，又揉了揉腰，似乎很累。妹妹上前给妈妈捶背，而我从厨房里端来一盆凉水和一条毛巾，对她说："妈妈，您洗洗吧，洗一洗就凉快了。"妈妈笑了，笑得那么灿烂。我又给妈妈端来一杯凉开水，说："妈妈，您喝吧，喝了就舒服了。"妈妈一口就喝完了。她把我和妹妹抱在怀里，高兴地说："你们真是我的好孩子！"我偷偷看去，只见妈妈的眼里闪着晶莹的泪光……

长大以后，我才明白，那是一种幸福的泪水。

一杯水，也许算不了什么。但对于一个母亲来说，儿女在她最渴的时候给她端来的一杯水，却是如此的不同寻常！那是儿女对母亲最质朴的爱，那是儿女对母亲最真挚的孝心，那是胜过千言万语的一种感恩。

当我们的父母渴了、累了时，请你给他们一杯水吧，请你给他们最细微的关怀吧，这是我们对他们最好的报答；当我们的父母老了，独自待在乡下时，请你多抽一点儿时间去看看他们，请你多和他们聊一聊，这是我们对他们最贴心的爱；当我们的父母还在时，请你珍惜和他们相处的每一天，请你多给他们带来一点儿欢乐、一点儿笑声，这是我们最大、最美丽的幸福。

爱的味道

课 余 拾 趣

郑　好

"叮叮叮……"一串美妙悦耳的下课铃声响起，大家都从枯燥乏味的题海中探出头来。每个人都在以自己的方式度过课余时光。

我和同桌燕子也想有趣地度过这宝贵的时间，于是我们想出一个好主意——斗诗。虽然我们的诗歌储备并不十分丰富，但也不是特别的"孤陋寡闻"，所以一场妙趣横生的"飞花令"比赛就开始了。规则是每人轮流说出一句带"花"字的诗句，仅凭积累且不限时间。

开始，我们俩你一句我一句的甚为流畅。"接天莲叶无穷碧，映日荷花别样红。""感时花溅泪，恨别鸟惊心。""人闲桂花落，夜静春山空……"我们一口气地基本说完了自己所熟悉的绝大部分诗句。渐渐地，对诗的速度慢了下来。在各自一连说了几十句之后，我已经感觉到黔驴技穷，再看看燕子，哎！差不多，也快走到穷途末路了。

之后就成了我绞尽脑汁想半天才挤出一句，燕子也会冥思苦想很久才对出一句来。在这期间，我们说的大多都是单句，如：

春花秋月何时了，东风夜放花千树，待到山花烂漫时，人比黄花瘦，误入藕花深处……到最后，如果你恰巧进入我们教室的话，你可以清楚地看见，在那些疯闹的孩子们之间，有一对同桌，两个女孩儿正襟危坐，眉头紧锁，目视前方。她们都是嘴唇紧闭不说话，一脸的严肃愁苦状。在各自的诗库中的"能源"都已消耗殆尽的时候，谁能激发潜能再多想出一句，胜负便可以见分晓，终于其中的一位"思考者"紧皱的眉头舒缓了开来，嘴唇动了动，缓慢而艰难地吐出一句："当窗理云鬓，对镜贴花黄。"然后两人又陷入了一时的沉默之中。

直到上课铃声响起，"飞花令"比赛暂停。四十五分钟很快过去了，一下课，燕子动了动，只见她的动作十分有趣，先是头向前一倾，然后双手撑着桌子，身子向后一倒，顿了顿，接着眉毛一挑，笑容便浮现在了她的嘴角，眼神亮亮的看向我，说："青山绿水，白草红叶黄花。"啊！一锤定音，燕子赢了。

虽然这次游戏我以一句之差输给了燕子，但却心服口服，因为她的思维比我更活跃。不过在这次课间对诗之后我会有所改变，等着下一次有机会再一决胜负。

这一次课余拾趣，既考验了我们的记忆力，又考察了知识积累，还获得乐趣，可谓是三全其美。我多想再来一次呀！

姥姥温暖着我

陈欣悦

　　姥姥是今年秋天走的，没有任何征兆。当时爸妈都在上班，我也在上学。

　　我行走在似乎没有尽头的马路上。风呼呼地从我耳边吹过，吹起了路上的树叶，树叶翻滚着向前，有几许寥落，一如我的心情。想起没有见姥姥最后一面，我不禁涕泗横流，心里感到无尽的悲凉，脑海中时常浮现出她那蹒跚的脚步，那沟壑纵横的额头，还有她那整天带着微笑的脸庞。

　　现在我再也不能见到姥姥，再也不能吃到她每天早起为我做的早餐，再也见不着她晚上过来给我盖被子的身影。

　　姥姥，记得去年寒冬，我和父母在假期来看望您。我看见您正在门口眯着眼睛穿针，您那一双布满老茧的双手不停颤动，好久都没有把线穿进去。您那缕缕的银发，在微风中格外耀眼。

　　妈妈看见了，轻轻地走过去，默默地拿起了针线。此时，姥姥双手垂下，露出了久违的笑容，长叹一口气，说："老了，不中用了。只要你们回来，我心里比什么都要高兴。"

　　我跟随在爸爸身后，默默不语。姥姥看着我，抚摸着我的头，问我怎么了。爸爸道出其中的原委，原来是我这次考试成绩很差。

随后，姥姥要我陪她去走走。走到田野的尽头，我眼前是起伏的山峰，姥姥问我相信自己能够登上那座山峰吗。我摇了摇头。姥姥便说："这是你最大的缺点，你从未想过试一试，就已经放弃，今天你要鼓起勇气去试一试！"

当我从山顶顺利返回。姥姥语重心长地对我说："看吧，你行的！登山如此，学习也是一样……"回到家，我深思了姥姥的话，此时围绕在我心中已久的迷雾，终于拨开，如同春日的暖阳，明亮温馨。

现在，阳光洒在窗台上，闪烁着熠熠的光辉，像是一抹微笑，温馨而美好。这清晨的微笑该是姥姥在对我笑吧，我的心中掀起了一圈圈的涟漪。我又想起了您——我的姥姥。

童年里趣事多

张苏敏

童年里总有些让你不忍想的趣事，现在想想那可真是往事不堪回首。

"啦啦啦，我是一个粉刷匠……"用膝盖想都知道肯定是我又在"粉刷"我那早已看不出五官的脸，我摆弄着将要改造我的化妆品。"哎呀，用哪个好呢？"想到电视里说过眉毛提三笔，我便拿起眉笔自个儿地在眉毛上轻轻带了三笔，感觉太淡了，又提了三笔，不行，还是太淡……直到眉毛变成两条黑黑的"毛毛虫"，我才满意地放下笔。现在要把脸抹白，用什么呢？先用粉饼还是先抹BB霜在手上，我也没多想直接就往脸上抹，那样子看起来就像在用洗面奶。脸已经和白骨精差不多了，可手上还有好多BB霜，我也没去洗掉。洗了多浪费！我可是很聪明的。我不停地往胳膊、脖子、手背上抹。完事了，我已经彻彻底底地变成白骨精了。"呀，变白了多漂亮啊。"然后就拿出了"镇脸之宝"腮红，我不停地往脸上抹，直到两颊通红。我美美地拿出最后的武器——口红、唇彩、唇膏，还有各种能往嘴上涂的东西。先淡淡地涂一层唇膏，再涂一层粉红的口红，再涂一点儿唇彩，再涂一层红色的口红……直到我的嘴唇变成闪闪发光的朱红色。配上一袭美美的红裙子，夹上一个大大的花发卡，在眉心点颗美人痣，在耳朵上夹两枚小红花，在颈上套上一串珠子，真是美美的。"咔嚓"，房门被推开了，我妈看着我滑稽的样子哭笑不得，然后……现在摸摸膝盖无法用语言形容的疼。趣事可不止这一件哦。

有一天，我和妈妈逛街，实在是感觉无聊我就先回家了。可没有带钥匙啊，我灵机一动，想到了电视中讲到用一根方便面都可以开门。"唉，门外怎么可能有方便面。"我叹了口气，心想还是乖乖地等老妈回来吧！我在门旁刚坐下，便想起了窗户旁边的桌子上有好多方便面。我使出九牛二虎之力，好不容易够到了一袋。紧接着将一根比较结实的方便面往钥匙孔里塞，意想不到的是刚塞进去一半就"咔嚓"断了。我僵持在那里直冒冷汗，感觉自己的灵魂都要飞升了。我冷静地收拾好方便面，然后一路狂奔。我那天可是在同学家的衣柜里度过的哟。唉！现在想想那能与"凤姐"相媲美的妆，还有那塞了半根方便面的锁孔，那真是不堪回首！

我那可爱的小妹

查睿妹

说起我的妹妹，那是喜爱不足、憎恶有余，将自私、霸道、娇气等词全用上也不为过。我私下给她起了一个"雅号"——家庭霸主。你永远不要和她争任何物品，更别谈争她爱吃的菜，凡是她所想的，你就别无选择地给她。不然她就给你下马威：一哭二闹三告状。唉，非人哉！

有一天，奶奶"大摆筵席"为我"饯行"，因为我要和爸爸一起住校读六年级。奶奶买了武昌鱼，购了本地虾，包了三鲜馅，杀了芦花鸡，还带回了我的最爱——鲜榨椰汁，说是以"汁"代酒，用"金樽清酒斗十千，玉盘珍馐直万钱"来形容也不夸张。看着色香味俱全的土鸡肉，我迫不及待地夹了几块放到碗里。妹妹见状沉下脸色，于是乎大哭起来；"呜——呜——姐姐快把鸡肉吃完了……"她的筷子已扔到了地上，这种情形早已司空见惯。唉，我要"远走高飞"了，她是依然如故，"痴心不改"呀！

紧张的一个月，难熬的一个月，思念的一个月。

国庆节到了，该回家看望疼我的奶奶。我按了门铃，百感交集：我想敬爱的奶奶，亲爱的妈妈；我想妈妈煲的汤，奶奶做的菜；我在梦中是飞回的，乐得整个楼房像我的心一样晃悠悠的，可就不想见妹妹，一点儿也不想。

开门的竟然是妹妹！

"姐姐好！姐姐回家啰……"妹妹小跑着去向奶奶报喜。我着实对眼前的一幕感到疑惑。

"姐姐，天气热，喝口水吧。"我还没来得及说声谢谢，她已双手将水递到了我手上。这哪是水呀，这是蜜，它比蜜还要甜！

餐桌上，妹妹把喜欢吃的菜推向了我这边，还振振有词地说："老师要我们在饮食上荤素搭配。我偏胖，要补素；你偏瘦，要补荤……"笑后还扮个鬼脸。这哪里是胖呀瘦呀，明明就是礼让。我暗暗地为妹妹的变化而高兴。奶奶在一旁笑得合不拢嘴："我家的小孙女自从上了一年级，长大了，懂事了，知道谦让了，棒棒的。"两个大拇指伸到了妹妹跟前。"嘿嘿嘿，多谢奶奶鼓励！"妹妹勾了勾嘴角，谦逊地笑了。妹妹又指着妈妈买的《礼貌歌》背了起来：小孩子，懂礼貌，见了长辈问个好……洪亮的声音在屋子里荡漾。

真没想到，短短的一个月，妹妹的变化竟如此之大。看，她正在帮妈妈洗碗呢。

士别三日，当刮目相看，这么说，我真要重新认识一下妹妹啊！

爱 的 味 道

曾非凡

爱会是什么味道呢？面对着眼前的题目，我百思不得其解。不经意之间，我翻到了日记上的那一页。上面写着：×年×月×日，李丹老师走了。短短的几个字，却让我陷入回忆的漩涡之中。

去年秋天，我升入五年级。最开始，教我们英语的并不是李丹老师，而是肖青老师。虽然给老师起外号很不对，但由于肖青老师太严厉，所以某些同学给她起了一个响亮的外号——"肖姐"。后来，"肖姐"要去外地学习，李丹老师便教我们五年二班英语。

李丹老师二十来岁，很年轻，很爱笑。在我们看来，她仿佛不是一位老师，而是我们的姐姐。因此，某些同学就嘚瑟了起来。他们不是在课堂上乱讲话，就是不写作业。这些同学就是典型的"三天不打，上房揭瓦"。要是换了其他老师，早就不客气了。可是李丹老师却没有，她最多也只是把他叫到办公室上一堂思想课而已。除此之外，她偶尔还会教我们唱歌，其中我印象最深的是一首《红河谷》的英文歌。这首歌，我们学了很久，最终都会唱了。这要归功于《红河谷》的优美旋律，以及李丹老师的耐心教育。这首歌让我们立即放松了，还学到了许多新单词。李丹老师的趣味教学法，让某些同学也奋发了起来。

然而，"月有阴晴圆缺，人有悲欢离合"，我们的"肖姐"要回来了，而李丹老师也要离开了。知道这个消息的我们，尽管知道不可能将李丹老师留下来，却还是千方百计地要留下这一段美好的记忆。我们进行了一系列的活动：签名，合照，写离别赠言，举行送别晚会……在李丹老师临走的最后一节课上，我记得她说了很多，情绪很激动。直到现在还让我记忆犹新的是："你们知道我为什么不打你们吗？是因为舍不得。看到你们，我就狠不下心……或许我以后不会当老师了，或许你们会忘了我，但我一定不会忘了你们的！"每每想起这段话，我都会心生温暖。

回想起这一幕幕，一切都恍然昨天，就如同一个漫长、甜蜜又苦涩的梦。李丹老师对我们的爱，让我感到甜蜜而又苦涩。找到灵感，想出答案的我，放下了手中的日记本，拿起笔写下：爱的味道……

因为爱着，所以记得

孙佳玲

一滴水就可折射太阳的光辉，就如同生活中许多细微之处都饱含着温柔、伟大的母爱。

母亲有个习惯，每在春夏交替的时节，就会把一家大小的衣服分门别类地归整好。那天，她照例收拾着衣服，我躺在沙发上翻着一本旧杂志。午后暖暖的阳光照进来，茶几上一束栀子花散发出淡淡的清香。"佳玲，你看，这儿有好多条手帕呢！"母亲突然转过身来对我说，似乎很兴奋。

"手帕？"我问道。

"你还记得这些手帕吗？十年的手帕全都在这了。你看，这块蓝色的，还记得吗，你四岁的时候，我常用一个别针把它别在你的外套上，给你擦汗。看着你在我前面颠儿颠儿地跑，手帕一荡一荡的，真像一只花蝴蝶呢！"母亲絮絮叨叨地说着，并不看我，完完全全地沉醉在幸福的回忆中。我静静地听着，不敢出声。我无法应和母亲——因为我什么都不记得了。

"还有这块蓝色白边的，是你六岁那年特意订制的，上面还印着字——'爱女佳玲六岁生日快乐'。一眨眼的工夫，你就长大了。"她轻轻转过身，把脸对着我，可她那慈爱的目光让我不知所措。我是多么希望自己能记起这些往事啊，哪怕是模糊的、零碎的也好！我无法想象，为什么母亲如此细心地收藏着往昔，如数家珍般地道出我的点滴，她不是常常抱怨说人老了记性坏了吗？

我承认，我是彻底地将手帕的故事忘了，并且很随意地将它扔在了记忆的角落。更何况现在也不时兴手帕了，取而代之的是纸巾。当我流汗时，取出一张，轻轻一擦，质感很好，还有一丝隐约的香气，然后就可以扔掉了，多方便。于是很自然地，手帕便不知不觉被遗忘了，若不是母亲无意中提起，我实在无法记起这些手帕曾属于我。

我感到眼睛有些潮湿，轻声说道："妈，您怎么还记得这么多呢？"母亲沉默了一会儿才回答说："怎么会不记得呢？"她像是在自言自语。是啊，怎么会不记得呢？因为爱着，所以记得。

这次，我没有食言

曾雨晨

　　炎热的酷夏随着南飞的鸟儿依依不舍地慢慢退出了季节的舞池，而九月拽着金黄的舞裙翩然而至。九月的天空，干净得就像一杯苏打水。

　　也许是疯玩了一个暑假的缘故，适应不过来的两个女孩儿头一次在八百米测试中精疲力竭地坐在地上大口地喘着粗气。

　　坐在我身旁的她仰头灌了一口矿泉水，咕咚咕咚地吞下去后扭头向我说道："体育老师不该这样整人的嘛，哪有第一节体育课就跑八百米的？还跟我说下次要跑及格，真的不该这样的，我恐怕是不行啰。"

　　我暗自想：这也是我头一次没跑及格，下次一定可以的。那能不能不跑第一名呢？不想当将军的士兵不是好士兵，不行！

　　于是我对她说："下次我可以跑第一名。"

　　她瞪大她圆圆的眼睛，鼓着腮帮子，丝毫不相信我的话，却说："你是不是病了？"

　　我对她说："别人可以，我又何尝不能？"

　　从那天以后，我开始认真对待每次晨跑。因为一言既出，驷马难追。我可不能做一个不守信用的人。

测试终于到了，可是我毫无常识地在跑前喝了一大瓶水，结果闹起肚子来。我向体育老师请假说上完厕所再跑，他却用严厉的眼神看看我，说出三个字："不许去！"

一声令下，她们都冲了出去。我跑的同时却觉得每跑一下肚子里的水在动，竟是越跑越慢，结果……跑完后我就捂着肚子坐在台阶上。只见她走过来："你怎么这么不守信用？"

我刚想解释，她又说："你跑不了又何必逞强？跑不了又何必说出这句话？不守信用就是不守信用，没什么好解释了。"

那晚，我翻来覆去的睡不着。满脑子都是今天跑步的事，想着想着，不禁有些伤感。

我不守信用是事实，因为我没有跑第一名。我和她已经几天没有说过话了，因为我的食言，我的不守信用。

到了第三次测试了。我开始跑向最前方，并不断加速，一圈……两圈……我开始慢了下来，扭头一看，大批的女生要追上了，我顿时像打了鸡血一般，飞快地跑着，旁边有男生说："她今天是不是疯了？"

终于，我到达了终点，当老师按下秒表时，我的双腿剧烈摇晃，几乎要站不住了，后来，我知道了我的成绩，三分三十四秒，虽不算什么好成绩，但至少我没有食言。

她也从终点那跑了过来，直接扑到我怀里说："太棒了！第一名呐！"

我从未想过会有这样的一天，从前的委屈和误解在那一刻烟消云散了，我觉得自己眼前好像有一道光芒，曾经因为乌云的遮蔽而变得混沌不堪，如今又变得彻底明亮。我紧紧抱住她，好像一件爱的东西失而复得，我心里充满了甜蜜。

四季的颜色

银 杏 叶

乐妙妙

又一个秋高气爽的秋季来临。秋季的景物数不胜数，让人眼花缭乱，而我最喜爱的则是银杏叶。

星期天的清晨，我漫步在田间小路上，太阳露出了笑脸，露珠打湿了我的鞋子。一抬头就望见了几棵高大挺拔的银杏树，一阵秋风拂过，银杏叶簌簌落下，给大地披上了一件黄色的大衣。我欣喜若狂，飞奔过去。我喜欢踩在上面，听那"嘎吱嘎吱"的声音，好像在说：秋天来了，要多穿衣服啊。地上的银杏叶形态各异，有的是心形，有的是扇形，还有的是蝴蝶形，它们在阳光的照耀下，显得格外鲜艳夺目。阳光暖暖地洒在叶片上。我轻轻地拾起一片叶子，仔细端详着，它的叶柄较粗，叶片上面有一个较大的缺口，叶脉很浅，但排列得井井有条，像是一群活泼的小孩儿在乖乖地排队，与那金黄色的叶片搭配在一起，显得十分和谐，叶子的边缘不是很整齐，波浪形，挨着叶柄的部位有着淡淡的绿色。我轻轻地抚摸着叶片，它给我的第一感觉是柔软并光滑，像丝绸一样。我靠近树叶闻了闻，一股淡淡的清香流入我的心里，还蕴含着阳光与露珠的味道。又一阵秋风拂过，树上的银杏叶齐刷刷地跳起了舞，像是很多黄蝴蝶在挥动翅膀。不一会儿，它们就离开了树枝，在空中跳着婀娜多姿的舞蹈。随后，银杏叶有的漂在河面上，荡起一圈圈的波浪，漂向对面的河岸；有的落在地面上，化为土地的肥料，让土地更肥沃，让银杏树更健康，更强壮，也许它是为了报答大树对它的养育之恩吧。"落红不是无情物，化作春泥更护花。"银杏叶有着多么精彩的一生，它并没有因为自己只是一片树叶就自暴自弃，而是以最好的自己来回报它要感谢的"人"。

枫　叶

宋圣平

秋日黄昏，残阳如血。

漫步在林间小道上，望着火红的枫叶一片片被风儿吹落，渐渐铺满了小路，我的心中忽然有一种情愫在涌动。

枫叶在空中飘舞着，像一只只美丽的蝴蝶，划出一种独特的曲线，没有留恋，没有呻吟，没有悲伤。只是默默地，轻轻地，飘然而下。在殷红的阳光映照下，有几分潇洒，也有几分悲壮。

枫叶生时，尽情地吸收着灿烂的阳光和土里的水分，放出清新的氧气，贮存树木生长所需的能量。清风爱抚它，亲吻它；鸟儿们快乐穿行，自由歌唱；孩子们在下面打滚、踢球、捉迷藏……而现在它要落下了，有几个人在关注着它呢？它却一点儿也不在意，毅然决然的，悄无声息的，慢慢逝去，这何尝不是一种凄然的美丽？

枫叶啊！你在自己的岗位上，不断地工作，无私地奉献，而在自己的使命结束时，静静地离开，无悔地远去，不给别人带来麻烦，也不留一丝遗憾。"落红不是无情物，化作春泥更护花"，这句诗不正是刻画了你生命的轮回吗？当明年春天来临，又有新叶挂上枝头时，你早已化作了春泥，变成了养料，成了树木生命的一部分。此时的你一定在微笑，在庆幸，不是吗？

残阳迟迟不肯下山，而你已经铺满了我来时的路。我用颤抖的手捧起你，你的身躯似乎还有温度，那粗粗的叶脉不就是你的血管吗？那殷红殷红的叶面，不正流动着你沸腾的热血吗？

啊！其实你并没有死，你不过是接受了新的使命，开始了一段新的生命历程。我仿佛看见你又在新的工作岗位上，不断地工作，无私地奉献，永远不停地前进，前进……

怀着无比的敬意之情，我把你放进了泥土里，深深地向你鞠了一个躬，转身走向我来时的路。

晚上，我做了一个奇怪的梦：在许多年后的一个秋日黄昏，残阳如血，我变成了你，从枝头上默默地飘落，无悔地投入了大地的怀抱……

故乡的雪

彭　阳

下雪啦！下雪啦！好不容易才下了一场雪。

雪花飘呀飘呀，在空中不停地舞蹈，像一只只美丽的蝴蝶。

雪花纯洁、美丽，她像春天的柳絮，却没有柳絮的纷乱；她像秋天的落叶，却没有落叶的感伤。她是那么的冰清玉洁，那么的有气质，没有一丝缺憾。

在孩子的心中，雪花是一道独特的风景。正因为有了雪花，一切才显得那么浪漫，那么动人，那么美好。

"来，来呀，打雪仗吧！"

"好——"

"哎哟，你敢偷袭我，看我怎么收拾你。"

"哈哈——哈哈——"

"咯咯——咯咯——"

你看，孩子们玩耍的样子是那么的天真！他们一玩起来就忘记了一切。

你听，孩子们蹦跳的笑声是那么的悦耳！他们一笑起来就像一朵花。

雪花带着微笑，扑向大地，为大地披上了一件白色的婚纱。大地就像一个入了洞房的新娘，等待新郎给她掀开盖头。等到春风一来，那盖头被掀开后，她终于露出了美丽的肌肤，向我们展现她的惊艳，她的魅力。

"看，前面坐着一个雪人！"一个小男孩儿惊叫着。

"你听说过'雪人救火'的故事吗？很感人哦！"一个小女孩儿认真而又钦佩地说。

"这是真的吗？"

"当然是真的。"她十分肯定地说。

故乡的雪让我想起了许多美丽动人的故事，白雪公主和七个小矮人仿佛站在我的面前，朝我招手，微笑……

故乡的雪又给我留下了很多美好的回忆，我仿佛看到我和小伙伴们在打雪仗、堆雪人、滚雪球……

故乡的雪伴着我慢慢地成长，我已经从一个懵懂的小女孩儿长成了一个亭亭少女，故乡的雪却始终没有改变她年轻的容颜，我仿佛看到她正朝我走来……

啊，我爱你，故乡的雪！

生命如风

韩　峰

在一切风景中，我偏爱风。

我爱风，是因为风的来无影、去无踪，是因为风的温柔、热烈、萧瑟、狂暴，是因为风有至高、至大、至远的境界。

春风，太温柔，太温柔，宛如母亲那慈爱的手，轻轻地抚摸着你的脸。她默默送来花的清香、草的鲜味、土的气息。"吹面不寒杨柳风"，不寒是假，是料峭的春寒。正是这丝丝的春寒，让人多了几分清醒，不要忘记冬天走得并不远，可能有可怕的"倒春寒"。当你做好充分的准备，经历了短暂的春寒后，才能进入真正的春天。这是一个必然的过程。

蓝天白云，青山绿水，花草树木，荷香鸥飞，夏天的绚丽多变造就了夏风的热烈。夏风吹来，暖洋洋的，让人有了几分倦意。盛夏是适合午睡的季节，躺下小憩片刻，精神百倍。醒来后，捧一本好书，饮一杯凉茶，一切世间的烦扰随风飘散。晚上，坐在凉席上，看着天上的星星，欣赏着淡淡的月色，什么都可以不想，任晚风吹拂衣襟，难得一分自在清静。

"一叶落而知秋"，是秋风给了落叶飘飞的悲壮，也是秋风成全了落叶的牺牲与奉献。"秋风秋雨愁煞人"，是秋风触发了人们的伤感，还是人们赋予了秋风忧愁的使命？似乎只有诗人最爱秋天，我不是诗人，我却偏爱秋风，偏爱秋风那不避不让的萧瑟。萧瑟也是生命的一种形态，这是一种极致的美，是一种无言的美，是一种大彻大悟的美。我喜欢在秋日的黄昏，看秋风吹落枝头上的黄叶，看一行行大雁南飞的雄姿；我喜欢在静谧的秋夜，独自漫步在田间小路上，细心聆听蟋蟀演奏的思乡曲；我喜欢站在秋山上，看小草渐渐变黄、变枯，看天空云卷云舒。

冬天的风似乎太狂暴，太无情，让人敬而远之。如果说冬天是春天的酝酿，那么，冬天的风则是对生命的考验。试想，如果没有寒风的摧折，哪来树木不断向上的年轮？如果没有狂风的肆虐，哪来梅花扑鼻的清香？如果没有苦寒的冬天，哪来生命的拔节？别怪冬天的风太残暴，太无情，这也许是对生命的另一种爱。

四季的风啊，你给了我多少生命的感悟，你给了我多少人生的启迪。四季的风啊，你与我们的生命历程又是多么的相似！

风如生命，生命如风，但愿你我的生命都如风。

秋天的味道

邓佳琴

　　春天是一个富有生命力的季节，春意盎然，春雨如丝般飞舞，带来新的生命。夏日炎炎，如火的太阳高挂在空中，树木繁茂，百花争艳，蜜蜂、蝴蝶在花丛中飞舞，清风为我们送来了勤劳的气息。冰天雪地的冬天似是一个深闺中的女子，宁静淡然。漫天的飞雪给世界增添了一抹纯洁。不过，比起春天的蓬勃，夏天的热情，冬天的宁静，我更爱秋天的内敛、成熟和默默付出。

　　秋天是丰收的季节，秋高气爽，金桂飘香。在这个季节里，放眼望去，遍地铺金。无边的稻田里稻谷重重地低下了头，巨大的果园里果树上挂满了果实。阵阵秋风吹过，无数金黄、火红的叶子飘落下来，抬头仰望，天空中仿佛下了一场美丽的彩雨，使人仿佛置身于仙境之中。漫步在乡间小径上，路旁田地中的人们正在忙碌，个个挥汗如雨，几个妇人在果树间穿梭，一片忙碌的景象，人们脸上都挂着因丰收而喜悦的笑容。眺望远外，碧空如洗，白云如织，瑟瑟秋风送来了丰收的味道，这味道是甜蜜的，满足的。

　　秋雨不似春雨如缕如丝稍纵即逝，也不似夏雨的狂暴持久，更不似冬雨的猛烈短暂。秋雨是轻柔的,它绵绵不绝,幽远而静谧。它静静地,不着痕迹地洗净这世界的污垢。秋是孤独的,是淡然的,也是倔强坚持的。淅淅沥沥,便是一夜秋雨。天明,雨停,没有人会知道这一夜的秋雨是多么辛劳,只会坦然地呼吸着雨后的清新空气,但秋雨无怨无悔。我仿佛嗅到了坚持的味道,这味道是艰辛的,是痛苦的,也是幸福的。

秋风是宜人的,是温柔的。秋风又像一个爱美的小姑娘。秋风吹过,大地换上了金色华丽的衣裳,红枫、黄叶装点着这个世界。一汪秋水如同晶莹剔透的玉石为美丽的秋天增加了一抹空灵。一层初霜覆在叶子上,为红减了一份热情,为金添了一丝平和,给天地万物加一抹朦胧,多了一些宁静。白云悠悠地在广阔的空中飘荡,一切是那样安详,悠闲自得。秋风淡然,轻轻拂过脸庞,让焦躁一夏的心沉静下来,变得稳重、沉着。我好像尝到了秋风的味道,这味道是快乐的,让人享受;是凉爽的,让人镇静;是可口的,让人留恋。

一年四季,春去秋来,不同的季节带来不同的风景,不同的韵味,给人不同的味道。我欣赏过春的朝气蓬勃、欣欣向荣,我感受过夏的热情似火,我接触过冬的傲雪凌霜、冰冷彻骨。我却独爱秋的寒蝉凄切,风霜高洁。我更爱这秋给人不同的味道,它是理智的,是幸福,也是孤独的,更是喜悦的……

蒲公英·风景

王　倩

小时候，我在爷爷的水田旁见到过一种植物，听别人说她有一个很美的名字——蒲公英。我那时看到她美极了！

阳光稀稀点点地撒向大地，端坐在小草中央的蒲公英，像优雅华丽的天鹅公主，是那样的清丽脱俗。她白色的绒衣在微风的吹拂下散向空中，轻轻地飞舞旋转，在蓝天下勾出最奇异的风景。那时，我便迷恋上了她。我只知道，她很美，很美。

再一次与她邂逅，是在爷爷家后院的一个小角落，那儿没有阳光，只有无限的阴暗笼罩着。看到她的容貌，我失望了。在阴暗的"魔障"下，她失去了以往的光彩，就像公主失去了王冠，显得是那么孤独、落魄。清丽的白绒衣没有了光彩，身子也歪斜了。那次以后，我对她的热情减少了，也不常去看她。有时，我甚至还想将她拔起，让她脱离那"魔障"。

有一天，老师要求我们写一篇描写植物的作文，那一刻，我立即想到了她。除了她的身形外貌和生活习性，我对她的了解真是少得可怜，于是我又开始观察"独居"墙角的蒲公英。周围的黯然依然磨损着她的美貌，那破旧的绒衣孤独地摇曳在阴风下，是那样苍老、无力……

冬天在春天的催逼下偷偷溜走，留下了温和的阳光。我再去看她时，惊住了：她的周围多了几簇"白色小仙子"，她们拥抱在一起，显得生机勃勃，热闹非凡，阳光急切地为她祝贺，春风也扬起了微笑。我终于知道了她是坚强的。她就是这样，默默地为自己打气，加油。她身上的美，在被人遗忘的角落完美地释放出来。啊，我真的很喜欢她！但我更敬佩她！敬佩她从未放弃的坚强，敬佩她默默无闻、从不抱怨的谦卑，还有那不屈服、从不认输的傲骨。

你注意过蒲公英吗？了解她吗？蒲公英是一种非常坚强的植物，去了解她吧，你会发现世界上最美丽的一道风景线，其实就在你眼前。

山重水复疑无路

孙加臣

"各位观众，大家好！本次'自然界的大帮手'决赛暨颁奖盛典已经拉开帷幕，参赛选手可都是来自五湖四海的奇人异士啊！想必又会是一场龙争虎斗。好了，话不多说，热烈邀请参赛选手入台，角逐马上开始！"主持人神采飞扬地宣布。

一阵震耳欲聋的掌声之后，参赛选手陆续上台，皆是"八仙过海，各显神通"，较量开始了。

"直路"选手胸有成竹地跨上前来，展露出骄人的佳绩："我，一向坦直向前，从来都不拐弯抹角，我为人类提供着最舒坦的道路。从数学角度看，两点之间直线段最短，因此呢，我还能提供最短路径，为人们节省了大量的时间，所以，自然界的大功臣理所当然是享誉盛名的我——'直路'。""直路"说完，便傲慢地迈下台去。

各位参赛选手正依次上台作自我介绍……

这时，并不受青睐的"弯路"腼腆含蓄地走上台来。看得出来，他十分紧张，用嘶哑地嗓音介绍着："我……我……我就是'弯路'，对不起，我总是给大家添麻烦，让大家走了不少冤枉路，很抱歉！"于是羞愧地走下台去。

比赛还在激烈地进行着……

"观众朋友们，参赛选手已经做出了自我介绍，结果即刻揭晓。"主持人高亢地说。这时，内有决赛冠军名单的信封已经传递到主持人手中。主持人拆开信件，眉毛一颤，咳嗽了几声，高声地宣布："本次'自然界的大帮手'的比赛的冠军已经产生了，他就是——'直路'……"

"果真是我，看吧，我才是自然界的大功臣。"直路目中无人地欢呼着。

"喂，等等，你可能误会了，我还没宣布完呢，本次的冠军是'直路'的孪生兄弟——'弯路'。"

台下一片迟疑的目光。

"观众朋友们，其实这个荣誉'弯路'是当之无愧的，直路虽直，但却养成了人们贪图享乐的性格；弯路虽弯，但磨炼了人们不屈不挠的信念，难道这不是最好的证明吗？正所谓'山重水复疑无路，柳暗花明又一村'。"

台下一片掌声，一片沸腾……

终于，"弯路"荣登本次"自然界的大帮手"的榜首。

我愿化作一朵小小的云

祁雅倩

　　小时候，我最爱看天上的白云。那白云一会儿变成威风凛凛的狮子，一会儿变成温驯的小绵羊，一会儿变成健壮的奔马……它是那么的美丽，那么的令人向往。

　　一天，我梦见自己变成了一朵小小的云。

　　我随着风儿飘荡，在天空中变成各种美丽的景物，地上的人们尽情地欣赏着我美丽的身体。听到他们那赞美的话语，我是多么的自豪啊！

　　我来到了一个干旱的地区，烈日炎炎，地面上的草木都低垂着头，人们在不停地扇着扇子。一个人焦急地说："云啊，快聚到一起，下一场大雨吧，我的庄稼快要干死了！"听到他那虔诚的请求，我的心动了。今天就让我做一件好事吧！我对伙伴们说："我们聚集在一起，玩一个游戏吧！"伙伴们纷纷表示赞成。不一会儿，雨水哗哗地下起来，农民们从屋里跑出来，在雨中快乐地走着、笑着。一位老人望着天空说："好一场及时雨啊！"孩子们也在雨中开心地蹦着、跳着、笑着……这一天，过得真有意义！

我又来到一片沙漠的上空，那里是一望无际的戈壁滩，没有一棵树，没有一条溪，不见一只鸟，这就是传说中的罗布泊吗？我刚想离开这个死气沉沉的地方，忽然，我听见一声叫喊："水……水……"我循声看去，只见一个背着大包的人躺在地上，已经没有水的水壶扔在一边，他的手里还拿着一幅地图，这大概就是人们所说的探险者吧！别人都害怕沙漠，他却只身来到这里探险，真是太勇敢了！我的眼睛湿润了，不一会儿，泪水不住地往下流，顿时下起了倾盆大雨。他干枯的嘴唇尽情地吸着雨水。不久，他苏醒了，仰天大喊："老天有眼！老天有眼！"他用水壶接了雨水，拄着拐杖，又踏上了征途。

白云不仅仅是因为美丽而受到人们的喜爱，它还能带给人们丰收的喜悦，带给人们生的希望，带给人们拼搏的勇气和奋进的信心！

我愿化作一朵小小的云，给人间带来美丽的风景，给孩子们带来无限的遐想。

我愿化作一朵小小的云，给人间带来甘霖，给农民带来丰收，给人们带来欢乐和笑声。

我愿化作一朵小小的云，给陷入困境的人带来希望，带来梦想；给拼搏奋斗的人带来勇气，带来力量，带来信心。

我愿化作一朵小小的云，奉献我的一切，给这个绿色的星球带来更多的生机和活力，给这个和平、和谐的世界带来更多意外的惊喜，在人们的记忆中留下更多美丽动人的故事。

啊！我愿化作一朵小小的云！

四季的颜色

韩　萌

一年四季，春夏秋冬，她们都有自己的颜色。那她们的色彩在哪儿呢？让我们到大自然中仔细搜寻……

春 的 色 彩

"春天在哪里呀，春天在哪里。春天在那小朋友的眼睛里……"一阵优美的歌声向我这儿飘来，那歌声越来越近，只见一个八九岁的女孩儿蹦蹦跳跳地走过来，手里还拿着一束刚采的野花。从她那明亮清澈的眼睛里，我看到了七色的彩虹、芳香的花朵、潺潺的流水、斑斓的蝴蝶、碧绿的草地……同时，我看到了春的颜色。

啊！春是多姿多彩的。

夏 的 色 彩

炎炎夏日，连知了都热得趴在树上，不住地叫着"知了、知了"。可是人们却并没有像知了一样诉说着夏日的炎热，而是在树荫下聊天、休息，并没有因夏日的炎热变得心情烦躁。

夏天最美的还得是夏夜了。

夜晚，人们搬出几把椅子坐在树底下聊天，小朋友们在一边玩耍。仰望夜空，星星像宝石般闪闪发光，月亮像玉盘一样皎洁。瞧，一颗宝石掉下来了，划了一条长长的弧线。再看看河边，几只萤火虫正在嬉戏。说不定那些萤火虫就是天上的星星变成的，不然它们怎么会发出光呢？

夏天是热情的火红色，她既给了人们炎炎夏日，又给了人们凉凉夏夜。

秋 的 色 彩

秋天是什么颜色？那金黄色就非她莫属了。

秋天是人们收获的季节，当然也是人们最忙碌的季节。

看那果园里，那些沉甸甸的果子挂在树枝上，挨个地笑着，挤着。农民伯伯在旁边忙得不亦乐乎。一阵阵笑声回荡在果园里……

田野里，那就更加热闹了。高粱羞红了脸，稻子笑弯了腰……一大片一大片全是耀眼的金黄色。农民伯伯在一旁专心致志地割稻子，他们的脸上洋溢着丰收的喜悦。

再看看树上，一片片黄色的叶子随风飘荡下来，好像一只只金色的蝴蝶翩翩起舞。

秋天难道不是金黄色的吗？

冬 的 色 彩

冬天，寒风呼啸，一片白色的晶莹的东西忽然从空中飘落下来。我伸出手接住了它。哦！原来是一片雪花呀！后来，一片又一片的雪花从天空不停地飘落下来，像一群白色的小精灵在欢快地舞蹈。不一会儿，外面已是银装玉砌的世界，有许多小孩儿在雪地里堆雪人、打雪仗，真是好不热闹。

冬天是什么颜色的呢？"冬天是银白色的。"有个声音在我耳边说。对，冬天是银白色的。

春的色彩是多姿多彩的，夏的色彩是火红的，秋的色彩是金黄的，冬的色彩是银白色的。她们组成了一幅四季长卷，永远供世人欣赏。

春　绘

周　通

　　咦，是谁打翻了绿色的油彩瓶？哦，原来是春姑娘给大地换上了绿色的新衣。

　　春带来了生机，带来了希望。

　　"吹面不寒杨柳风"，春天饱含着春的气息，捎来了温暖的柔情。瞧呀，春姑娘的纤纤细手，轻轻地抚摸着大地，抚摸着天空，抚摸着所有的一切！

　　小草被春风唤醒，悄悄探出小脑袋，伸伸懒腰，好奇地望着眼前的新世界，眼里流露出对未来的希望。

　　春风里，沉睡了一个冬天的树木又披上了绿色的纱衣，枝头上又抽出了嫩绿的幼芽，带着对新生的渴望，对未来的憧憬，在微风中欢笑着抖动！

　　春姑娘从身后拿出一只漂亮的花篮，将许许多多五彩缤纷的鲜花洒落人间，红的那样鲜艳，黄的那么灿烂，白的那般无瑕。北归的大雁又投进了春的怀抱，回到了绿的世界。枝头上的小鸟伴着汩汩的溪水快乐地歌唱，歌唱着春风，歌唱着春雨，歌唱着这一片勃勃生机。

　　春姑娘忽然把长袖一挥，"轰隆隆——"一阵春雷响过，贵如油的春雨淅淅沥沥地落了下来。多么柔和的春雨呀，像母亲抚摸着大地；多么及时的春雨呀，像乳汁滋润着大地！"天街小雨润如酥，草色遥看近却无。"是的，春雨就是春姑娘撒下的希望种子。看，在春雨中，一簇簇嫩绿的麦苗挺了起来，一个个金黄的希望升到了人们的心头，一张张笑脸在春雨中晃动！蓝天上挂满了花花绿绿的风筝，孩子们在春风中欢腾、跳跃，就像一棵棵小树苗，在春雨、春风的滋润下茁壮成长。他们身上充满了春的朝气，春的力量。因为他们就是祖国的未来，祖国的希望！

　　"一年之计在于春"，嫩绿的小草，艳丽的花朵，歌唱的小鸟以及欢笑的人们，构成了这灿烂无比的春天。春天带来了生机，带来了希望。摇晃手中的彩笔，刹那间，一幅《春绘》即出……

　　多么美丽的春天啊！你孕育了多少生灵，让他们在这天地间茁壮成长。

蔷薇花瓣

刘　畅

不知何时，家门前一片绿油油的草地上长出了一粒白色的花骨朵，万草丛中一点儿白，甚是美丽。

于是自此以后，窗台便成为我小憩的好去处。闲暇时光望向窗外，总有一位娇小的仙子向我招手，随着清风起舞摇曳，贪享着阳光、天空与大地的滋润。

日复一日，那位西施在我的关注下毫不保留地成长着，我才知道，那是一朵蔷薇花。我飞速冲出门，想欣赏它的艳姿，却发现那朵蔷薇偌大的臂膀下，还躲藏着一朵更小的花苞，丝毫不逊于它当年的风采。那朵小花苞紧紧依偎在身旁可以依靠的大花怀里，如同一个柔弱的孩子，不舍妈妈的怀抱。

日升月落，周而复始，两朵蔷薇肆无忌惮地生长着，无忧无虑，似与世无争。

一日，我同往常一样，惬意地坐在蔷薇旁边，与它们一起遨游书海时，"轰轰"，一声惊雷响彻云霄，似恶龙咆哮，又如猛虎怒吼。我看天气有变，起身走回家中。

不一会儿，天公忍不住眼泪，将它"哗哗"洒向大地，如倾盆一般，毫不收敛。闪电在煽风点火，响雷在呐喊助威，天空中一道道苍白有力的曲线是他们兴奋的象征。突然，一道闪电如一只麒麟，朝草地上奔驰而去。一块绿油油的画板上顿时多了一块墨黑。巨大的震动把我吓坏了。回过神后我突然想起了那儿还有两朵蔷薇花，去窗边一看，还好，没有丝毫损伤。

我继续注视着。雨水无情地击打在它们身上，小蔷薇因为好奇外面的景色，探出了头，却不幸被暴雨冲击得不堪重负，羸弱的身躯扑倒在地。但狂风一吹，又站立起来。它顺势将大花紧紧抱住，怎样也不肯松手。大花也用宽大的花瓣护住身旁的花苞，任凭风吹雨打，也绝不松懈对它的保护。

一大一小两朵鲜花紧紧相拥在恐怖的雷雨中，这是生命的考验，也是成长的印记。

一夜过去，天地变得平静，湛蓝的天空上几片白云悠悠，不时还有几声雀歌。但是，地上的那朵大花却不再那么美丽。一夜的摧残已令它心力交瘁，花瓣也散落了一地。但经它保护的小蔷薇开出了鲜艳的花朵，显得不再那么稚嫩，而是更加成熟。一滴晨露从它的花瓣上滑落，抚摸着它，如一粒珍珠，在阳光下闪耀着光辉。

我站在雨后草地上，一阵清风吹过，天边飘来一片蔷薇的花瓣，落在我手上。我看着它，原来是那朵大蔷薇的花瓣。注视着那饱经风霜的纹路，我顿悟，那是责任，是保护，是爱……

雪花，触动了我的心灵

张雨涵

都说，春的使者是绵绵春雨，夏的使者是烈日骄阳，秋的使者是徐徐秋风……那么我说，冬的使者是皑皑白雪。

雪花，晶莹剔透。在寒风的吹动下，雪花纷纷扬扬，如鹅毛般飘飘洒洒。风，更兴奋了，卖力地推动着这一个个纯洁无瑕的小精灵。瞧，它们一会儿起一会儿落的玩得不亦乐乎；时而落在屋檐上，给古朴的屋檐换身衣服，时而溜进庄稼地里，热情地与泥土打交道，更调皮的是，它们还嫌没玩够，又藏进了人们的头发里，衣领里，在风姑娘的催促中，肆无忌惮地亲吻着孩子们红扑扑的脸颊……世界银装素裹，雪花和寒风吹走了金秋的画卷，为大地统一了一道崭新的颜色——白。

雪花，独一无二。说来也奇怪，风中，那千千万万的雪花里，竟无一片相同！纵然成百上千，却依旧保持着独一无二、与众不同的个性，每一朵雪花都有着自己傲人的姿态，它们都努力地把自己与众不同的美展现于众人眼中……雪花如此，人又何尝不是呢？正如一位名人所说，世上没有两片完全相同的树叶。每个人实现自己人生的意义与价值的方式都是与众不同的。雪花，是奉献自我的。"冬天麦盖三层被，来年枕着馒头睡"，是一句农民们都滚瓜烂熟的一句俗语。"麦盖三层被"中的"被"正是雪！它纯洁脱俗，虽生命短暂，却并没有用短暂的生命来展示美丽，而是落入泥土，化为一摊雪水，滋润土壤，默默地祈祷来年大丰收——如此的微不足道，雪花为何依旧如此义无反顾呢？对，它们正是用无私的方式实现自己的价值，这是多么令人敬畏啊！

雪花，一次又一次撩拨着我的心弦！

雪花，一次又一次触动了我的心灵！

脑海里头的所有念想都被雪花占据了，同时我的心又好像填满了力量——我要如雪花一般纯洁无瑕，与众不同，一样地无私奉献，实现自己的生命意义与价值。

那一幕，令我难忘

孙紫英

这次回到老家，恰逢初春。阳光暖得像融化的太妃糖，但却夹杂了几丝刺骨的寒风。这种添衣不足、减衣又凉的季节，着实让人难择衣物。

清晨，我早早地爬了起来，奶奶坐在门槛上择着菜叶，看见我起来，赶紧用手在围裙上擦了擦，便从衣柜里拉出了一件严冬才穿的厚重棉袄，欲把我裹成球状。我一脸纠结地看着奶奶手中花色夸张的棉袄，便把头摇得像拨浪鼓，"这是下大雪才会穿的吧！"

"现在天也冷，你看你，冻坏了怎么办？"奶奶边说边把棉袄往我身上套。

"哎呀！中午会暖和的！"我挣脱，自己跳下床，从箱底翻出春装。奶奶捏着棉袄，站在床边，不语。

梳洗完毕后，我便准备去屋外看看春色。脱下冬衣，果然感觉神清气爽。虽然还是感觉有点儿凉，但毕竟寒冷才是冬天的主调嘛！

我哼着小曲踏出家门，奶奶坐在门槛上，叫着："冷的话，记得回来加衣服啊……""哦哦！"我答道。话语在空中凝成一片白雾，我承认，确实有点儿冷。不过，比起穿大红大紫的棉袄，我还是更愿意挨冻。

屋后的一个斜坡上被围成了一片小小的菜圃，新翻的泥土上还有白雪没融化完，却已钻出绿绿的小苗。我搓着细土将他们撒在幼苗上，看刚融的晨露将它们慢慢沁湿……

看久了，猛一抬头，脑袋竟一阵恍惚，我跌到地上，顺着坡一直往下滑，坡下是一道水渠。我努力用脚刹着地面，但由于泥土松软，不但没有停住，一直扶着地的手也磨得生疼。到了水渠边，身体顺势向前倾，我整个人一下扑到了水中，刺骨的凉意瞬间袭满全身，随后便麻木了。我从水渠里爬出来，头发上还挂着水珠，拖着一双满是泥土的鞋回到家里。奶奶看到我狼狈的样子，立即帮我换下湿衣服，将我冻得通红的脚搓了又搓，然后放到腋下取暖，还不忘一边碎碎絮叨：

"叫你多穿点儿，看你冻成这样……"

"是掉水里了，不然不会这样的。"

"还嘴贫，你这孩子真不让人省心……赶紧把被子披着！"

奶奶用被子将我裹住，又打了满满一盆热水。

"好好泡泡澡吧，驱驱寒……我去煮姜汤。"我看着热气在空中慢慢升腾，在奶奶的白发上凝成细细的水珠，沁湿了我的心……

最美的回忆

罗池薇

我们每个人，都有过许许多多美好的回忆。它们像天上一眨一眨的星星，像街上一串一串的糖葫芦，像沙滩上一个一个的贝壳。但令我记忆犹新的还是在外婆家度过的一段日子和在那里看到的美景。

那一次，我来到外婆家玩，走到村里的晒谷场，只见夕阳挂在脱尽了叶子的梧桐树梢上，许是奔波了整天的缘故，光线里已经没有了热，那充满了梦幻的色彩，映得整个晒谷场上黄澄澄、亮晶晶的，宛如撒上了一层金沙似的。天空中每一处都染上了颜色，鲜明的橙色、华丽的金色、酡醉的红色从夕阳的中心向四周荡漾开，幻化成一片绚丽的色彩。但是，每一种颜色都带有黄色，这种黄色像秋叶一般的冷艳，也像秋叶一般渲染着浓郁的落寞，整个宇宙都笼罩在这瑰丽的颜色之中。

此后，只要无事，我都要去屋后竹林漫步，尤其在傍晚，这时，火红的太阳仍挂在树梢上，累了一天的鸟儿纷纷归巢，在树枝上鸣叫，仿佛是在互相交流一天的喜悦与收获，树梢的太阳开始缓缓地滑落，晚霞还灿烂着，鸟儿的鸣叫逐渐低去。

　　静谧的树庄，被暮色浸染着，房屋、池塘、小巷都蒙上了凄迷的调子，带着些薄凉的意味，独有对面山上的映山红却热烈地盛开着，郁郁葱葱地开出一片花海，在沉沉的夕阳影子里，鲜明极了！我记忆中的黄昏，当那袅袅的炊烟和雾气一起弥漫开来的时候，我的心竟久久地被这种朦胧的纯美所感动。我常常在梦里看到那是一个熟透了的黄昏！金灿灿的麦子，四周的田埂上插满了麦秸扎成的草人，草人迎内扬起手，弄得那么多鸟儿在空中飞旋却不敢靠近麦穗。

　　太阳已经收敛了光芒，红彤彤的像一轮又大又圆的月亮，被暮云烘托着。紫色的雾升了起来，包笼了所有的景象，只有月亮悬挂在空中，很清，很淡……

　　这是我最美好的回忆，它给我留下了美好的印象，我一定要把它珍藏在心里！

那一刻春暖花开

黄齐荣

　　望着秋风中上下翻飞的树叶，我不禁打了一个寒战，可公交车还是迟迟不来。

　　颤抖的我一次次地踮起脚望向远方，可又一次次地失望。这时，突然来了一个人，他戴着一副手套，手套上有很多线头，可以看出补过多次；宽大的裤子沾满了油漆；一件夹克随意地披在衬衫上。看起来，他是一位农民工。看着他的样子，我向前走了几步，他看了我一眼没说话。

　　公交车终于来了，我急忙上车，就在投币的时候，我的心一惊，咦！零钱呢？我找钱速度一下子加快了，一定是昨天忘拿钱了。这时，司机说："快点儿，没钱下车！"就在我沮丧得要下车时，刚才的那个农民工叔叔，他掏出了硬币，放进钱箱，"啪！啪！"两声响了起来。他向我笑了笑，我也向他说了一声："谢谢叔叔！"

　　公交车开动了，那位叔叔不慌不忙地走到了车厢后面。他有着平凡人的面孔，却有着不平凡的心灵。我想，如果人们都有了爱心，这个世界会更加美好！

　　也许是车厢里人多温度高，也许是那位叔叔的行为感动了我，我只觉得浑身涌起一股暖意，眼前似乎出现了一幅春暖花开图。

别样的朋友

别样的朋友

陈思玙

　　我第一次见到他是在小学五年级。那时，他还是个微微发胖的小男孩儿，戴着一副黑框眼镜，隐没在人群中。我想，如果不是自己运气太好的话，或许无缘认识这么一位特别的朋友。

　　说来惭愧，我是个不太敢提问的人。哪怕是朋友的一句无心的嘲笑，我也会悄悄地耿耿于怀好长时间，最后自己开导自己：不要这么小气嘛，人家又不是故意这么笑你，再者，自己的问题太幼稚，又能怪谁呢……很多时候都是如此，久而久之，便养成了我不爱提问、不喜与他人合作的性格。

　　直到遇到他。

　　他从不嘲笑我提出的每一个问题，相反，他会很认真地对待这些问题，并不惜用自己宝贵的自习时间予以回答。

　　记得有一次，我犹豫很久，终于鼓起勇气在纸上刷刷刷地写下了一串在心底盘旋已久的问题：

　　"你是在为什么而学习呢？"

　　"你理想中的生活是什么样的？"

　　"学习对你来说，是一件困难的事吗？"

这些问题，我问过几个自认为玩得不错的朋友，他们要么是一笑了之，要么就是摇摇头，要么用一句"不知道""没想过"来搪塞一切。

这一次，他会给出什么样的答案呢？我歪着头看着他，既希望他能给出一个与众不同的回答，又害怕他与别人一般，敷衍了事。

他接过纸，迅速地扫了一眼，笑了："呀，谈人生啊。"

他轻轻地敲着笔杆，视线很长一段时间都落在纸上，不曾移开半分。他也不说话，我有点儿疑惑地看向他。

似乎是感觉到了我的视线，他挠挠头，解释道："呃……我组织一下语言。"随即动笔写了起来。

周围很安静，只有笔尖与纸张摩擦的沙沙声，他略略背对着我，以防我"偷看"他还未写完的回答。摞得高高的课本与资料间，那张白纸被肉眼可见的速度填满。飘逸的行楷字一个个整齐地铺成行，排在纸上。

终于，他长吁一口气，坐直了身子，盖好笔盖，将那张纸重新递给我。我满怀惊讶地接过这张密密麻麻写满了字的纸，充满敬意地读下去：

"第一个问题，为了以后精神上能更加愉悦吧。第二个，和一群朋友在郊外的别墅里，一起搞科研，结束之后就一起打打球，或者玩玩游戏什么的。毕竟一个男生不喜欢玩游戏这也是不可能的对吧？第三个嘛，我想还好吧……学习就是靠勤奋，多做题多练习，真的不用很高的智商。好好学，你不会感到困难的。"

我缓缓读完，直至看到最后一句时，终是笑了起来。

自进入六年级以来，我便未在大考中取得过以往的好成绩，他大概是觉得，我之所以这么问，是有些沮丧了吧？我的本意并非如此，但他竟然如此细心，费时费力写下这些话来鼓励我，一时间，我感动不已。

　　一抬头，我和他对上了视线。他的眼形细长，长长的睫毛投下一片青色的剪影，眼里仍闪着那样温和、善意的光芒。那一刻，我觉得他心中藏着一条静静流淌的河，带着他躲避尘世纷扰，载着他缓缓驶向眼中的远方。

迟　到

孙家正

　　"糟糕，要迟到了！"我猛地从床上蹿起来。我慌忙地看了一眼手表，果然，刻不容缓。我随即起身，急忙穿衣、洗漱，我冲妈妈大声抱怨："为什么不叫醒我？"没等妈妈解释，我便迅速消失在她的视野中。

　　我以疾步来加快速度，时而跨着大步，时而奔跑在路上，但由于体力不支，所以两种方式在不停交替转换着。

　　不久，我到达学校大门口。就在此时，铃声响起，这刺耳的声音促使我不得不尽全力奔向教室，可这铃声却不让人称心如意，在我到达教室门口之前停了。"唉，这破铃声，怎么这么折腾人呀！"心里愤愤地想道。无疑，我迟到了。

　　我左手扶着门框，右手做出"报告"的姿势，上气不接下气地说道："报……告！"全班同学停止了读书，纷纷将目光投向我。放眼望去，只有我的座位上是空空的，好似千万束灯光齐聚在一角。看着同学们投来的目光，我感到十分愧疚，又给班级"抹黑"了。"进来！"老师严肃地说道。

　　按照班规，迟到要罚站。此时的我已经是大汗淋漓，体力不支，慢吞吞地走到座位上，放下书包，吞咽着口水。同桌小声地问我："孙家正，你怎么这么晚才来啊？"听到这句话时，我心里懊悔不已，不禁回想起昨天晚上的情景。

昨晚电视台有许多好看的电视剧，一边是好看的电视剧，一边是休息，最终我没有敌过电视的诱惑，向父母多申请了一点儿看电视的时间，耽误了休息，迟到也是在所难免的。

从此，我再也没有牺牲休息时间用来看电视了，尽管自己还免不了迟到，但是为了自己的奋斗目标，我会努力加油，天天向上！

灭 蚊 大 战

祁先锟

一场大战即将来临的时候总是风平浪静，一旦开始便势不可挡。

那天我正在写作文，不知何时，蚊子，那些黑夜中的杀手悄悄地溜进了我的卧室。蚊子的号角声不时传进我的耳朵，搅得我心神不宁，无心下笔。俗话说"先下手为强"，于是我拿出了与之抗衡的驱蚊用品——一盘蚊香，点燃。顿时，一股黑烟向蚊子奔去，几乎有一半的杀手被毒死了。但是还有一半产生了免疫，它们仍然顽固不化地对我发动攻击。

"啊，可恶的蚊子，痛死我了，痛死我了，可恶！"于是，我拿出了"祖传"掌法，"降——蚊——十八——掌"。我气势汹汹地大叫了一声："接招！"瞬间又有几只蚊子"升天"了。当我得意时，不知是哪一个漏网之蚊，将我刺了一下，就逃跑了。

于是，我终于拿出了连我自己都害怕三分的东西——灭蚊片，此物又称"地狱的酒香"，最大的弊端就是敌我不分，所以我才"听而却步，闻之变色"。"太上老君，如来佛祖，孙悟空，猪八戒，喜羊羊，大古，奥特曼……急急如律令，快快显灵。"我念完咒语后点燃它，跑进被子，将口鼻捂住。过了一会儿后，听得没有动静了，我立刻让"酒香"飘出窗外。

刚要闭眼进入休息状态，突然又一阵号角声将我吵醒，我大吃一惊：怎么还有？不是到地狱喝酒去了吗？一看，原来是蚊子搬来了援兵，"可恶，气煞我也！"终于到我亲自出马的时候了。我使出了我的终极撒手锏——电蚊拍，在电光火石之间，无数杀手死在我的拍下，我心里不由生出大开杀戒的罪恶感。于是我盘腿坐下，双手合十，心中默念：如来佛祖、孙悟空、海尔兄弟、黑猫警长、哆啦A梦、炎龙侠……

突然，妈妈说："你在干什么？""我在打蚊子呀。""你打蚊子干什么，又不是没蚊帐，那你现在还盘腿念什么黑猫警长之类的？"我说："杀蚊太多，心生罪恶感。"妈妈打着呵欠，"好笑，不和你说了。我要睡觉了。""我也要睡了。"这就是我和蚊子之间惨烈的"战争"。

同 桌 的 他

曾梦丹

　　与他同桌，就免不了要迁就他那顽皮的孩子气。同桌总爱"挑衅"：在我思考题时，用笔敲一下我的头，同时大喝一声还美其名曰"智者的棒喝"；把我撕碎的有字的纸条拼起来大声朗读，说些让人哭笑不得的怪话……这类事件层出不穷，当我又气又笑满脸通红说不出话来时，他便哈哈大笑，得意洋洋的。

　　哎，同桌的毛病真不少：上课爱说话，爱闹，爱在课间玩得满头大汗，然后肆无忌惮地往凳子上一坐。可是这些还不能影响我。

　　同桌是个"瘾"君子——帮助人的瘾。他的学习很好，谁有疑难问题，他总是抢着帮忙。要是别人先帮了，他还会老大地失望，因为没轮到他自己。记得第一天和他同桌，我问他一道棘手的题。谁知他脸一板，提高了声调说："自己想啊，怎么就靠别人呢！别人做的能算是你做出来的吗！"我当时和他还不太熟，被莫名抢白了一番，气得转头不理他。他却一把抢去我的书，一丝不苟地埋头算出了答案，我不由愣住了。这事没过几天就真相大白：原来这是同桌惯用的伎俩，什么事都爱先说不行、不会、不知道，然后再教训你一通，趁你生气、发呆时，便火速给你解决问题。嘻！"可恶"的同桌，实在很爱耍这"捉弄"人的把戏。

同桌有点儿像孩子，他爱笑，也爱逗别人笑。一日放学时，大雨忽至，十几个没带伞的同学只好待在教室，又停了电，不能看书。大家闲聊几句，也离不开抱怨天气。这时，同桌大步走到讲台前："各位注意，我出一道谜语题，有四只母鸡，名字叫 wō、wó、wǒ、wò。现在鸡棚里有一只蛋，不是wō下的，也不是wó下的，也不是wò下的，请问是谁下的？"我们十多人，没有一个有那么笨说是wǒ（我）下的。于是，众人一声不吭地看着同桌。过了好一会儿，同桌还站在原地不动，半张着嘴，用期许的目光一遍遍扫视大家。为了不让同桌太丢面子，我们几乎异口同声地说："是你下的……""回答正确！"全屋子的人立刻哄堂大笑。这时，同桌走过来，小声说："怎么样，我装一次傻，结果十多个人乐了，魅力不小吧？"我心一动，原来同桌早料到不会有人中计。嬉笑之余，我们真是感激同桌，他使这漫长的等待充满了快乐。

我的同桌，他就是这样，愿意真心真意帮助人，愿意用各种幽默甚至恶作剧驱走他人的不快，给他人带来欢笑。和他在一起的日子，我学会了待人坦诚和临事轻松，学会了用笑声填平生活中的每一个沟沟坎坎。

完 美 谢 幕

祁舒雯

望着来自江南的第一封信件，泪水模糊了我的视线……

在风中、在雨里，我们曾哭过、闹过、嬉笑过。徐徐而来的春风吹去了我的笑容，随即而来的淡淡春雨抹去了我的微笑，在这春意盎然的时刻，乱了思绪的我，总是想起昨天的你！

曾经的我们整天形影不离，就像有胶水把我们黏在一起似的，上天似乎也嫉妒了，给了我们一次考验——

淅沥的春雨，像落叶一样轻；像针尖一样细；像绒丝一样长；像用筛子筛过一样密密地撒向大地。

未带雨伞的我只好站在校门口，本该同你一道回家的，却因为闹了一点儿小矛盾……而你现在一定到家了吧？正当我思绪不定时，你的身影闯入了我的视线，你手里拿着雨伞，在雨中飞奔而来，把雨伞给了我，还不停地喘气，身子也在颤抖，看得出你已经湿透了。我赶紧脱下外套，包裹住瑟缩的你，那一刻，我们的手紧紧地握在了一起。惭愧、感动的泪水顺流而下，风似乎柔和些了，雨也似乎变得可爱了。

记得你我相伴上学的日子，一起激烈地讨论问题。当我考试后默默哭泣时，你递上手帕，不停地安慰："成绩只是过去，一切从现在开始。"这句话一直激励着我。我们同样的热爱生活、热爱音乐、热爱学习……这一切都随昨天远去了，而今天的你还好吗？

那天送你去车站，我的心都碎了。

在火车开走的那一刹那，我在车窗外大喊："要常联系啊！"

"我会常写信的。"

写信？望着已远去的火车，我会意地微笑。

和你走过的每一个地方，都将变成捆绑住我记忆的绳，我无法抵挡，也无处躲藏……

我轻轻地拆开信封，几行漂亮的字迹映入我的眼帘——我在江南一切都好，不知你现在怎么样？我会永远记得你的，真希望这是一场完美的谢幕。

我在回信中写道：我也很好，我们都在彼此心中留下了最好的印记，所以，这的确是一场完美的谢幕。

那一次，我真感动

宋　博

　　放寒假了，我随大伯到武汉来玩。那一段时间，全市清理小广告，无论哪一个角落里张贴哪种广告单、宣传单，统统都要清除干净。

　　听到这个消息，我与无所事事的堂弟决定一同出去"凑热闹"。

　　那天早上，雪花如鹅毛般飘飞。我走在大街上，感到寒风刺骨……

　　无意间，我发现对面一堵光滑的墙上贴了几张宣传单之类的纸，一位年老的清洁女工正在那里小心翼翼地撕着那些纸。看来，那些纸很难撕尽，那位清洁女工用蘸了水的刷子在那些纸上刷了刷，然后再用手细心地一点儿一点儿抠。我向来对清洁工们是没什么感情的。只觉得她们穿着很朴素，工作也一般，但这么冷的天，她们还要出来，用双手一点儿一点儿地撕着广告单。我还是忍不住多看了两眼。她很认真，连续清除了几张广告单。她又走到另一张跟前。但是，我看到，她的右手举起来，这只手却停在了空中，似乎定格了。又见她身子往墙面靠近了些。接着，我又看见她微微地摇了摇头。

怎么了，发生了什么事？真奇怪。

只见她专心地看了一会儿，便缓缓离开了那张广告单，没有清除它。

为什么不清除它？她忘了市里的规定吗？一串串的疑问在我脑中浮起。

我正要起身离开，却见另一个瘦小的清洁女工走近那张广告单。她的举动竟和那个老清洁女工一模一样：举起右手，定格在空中，微微地摇了摇头，专心地看了一会儿，便缓缓离开。

正在这时，大概是他们的一个领导之类的年轻人过来检查了。看见那光滑的墙面上，就只剩下那张醒目的白纸。他把那两个清洁女工叫过来，指着墙面对她们大声呵斥着……我倒要去看个究竟，看看是什么使得那个年轻人那么失态。

过了马路，来到那堵墙的面前。映入我眼帘的，是一张寻人启事，那上面写着：宋卓宇，男，十一岁……

我终于明白了这一切。天大地大，难道还有什么比失去亲人的事大？我毫不犹豫地加入了帮清洁女工辩解的行列。

雪花还如鹅毛般飘飞，但我不再觉得冷了。那是因为她们——做着平凡的事却有着高尚心灵的清洁工人让我感动不已。

请你停下来

丁思琪

生活，到处都布满荆棘，面对一次次困难，我们常常被折磨得遍体鳞伤。此时此刻，为何不停下来呢？

停下来，也是一种享受。

晚上，月光轻寒如水，是多么的奇妙，是多么的美丽！你欣赏过吗？阳光雨露，清风白云，蓝天绿水，曾是大自然的恩赐，你在乎过吗？花开蝉鸣，叶落雪飘，这首四季赞歌在向你敞开胸襟，你感觉到了吗？朋友啊，朋友，在长途跋涉中，你何不偶尔停下来呢？

停下来，停下来，停在那翠绿的草地上，请接受春天到来的请帖，你会在光滑而翠绿的树枝上找到嫩叶的身影、花儿的足迹，它们会带你步入夏的门槛。停下来，停下来凝望夏夜耀眼的星空，接下来请你享受秋的礼单，它会让你满载而归。追逐着冬的步伐，停下来，停下来品尝收获的喜悦。请接受冬的邀请，步入一个淳美的世界。停下来，停下来，停下来的一切是多么的美好！在享受过后，再次起程，你是否发现前进的步伐更加有力呢？

停下来，其实是一种需要。

当你追逐太阳时，你会发现，命运的挑战会伴随前进的你，时而风雨兼程，时而雷雨交加，时而狂风大作。当你一次次被生活的坎坷折磨得遍体鳞伤时，你会发现，你已经倒在了命运的脚下。朋友，你为什么不停下来呢？

停下来，停下来坚强地擦干你眼角的泪水，去接受阳光的抚摸，风雨的洗涤，让心灵得以净化。停下来，停下来，去山间听一听鸟语，感受溪流的欢快，偶尔抬头，你是否发现你需要的鲜花就盛开在眼前，阳光更加灿烂呢？

停下来，更是一种智慧。

人生，往往有许多的十字路口，有待你去选择。面对人生，你是否迷茫过；面对艰难的人生考验，你是否哭泣过；面对残酷的现实，你是否曾想过放手？那么，朋友，你为何不停下来呢？

朋友，停下来是一种享受，是一种需要，是一种智慧，是一种富有哲理的人生高度。在茫茫人生道路上，停下来，拍拍身上的泥土，倒倒鞋里的沙砾，望着湛蓝的天空，听听山间的鸟语，用一个轻松快乐的心态去迎接属于我们的美丽人生！

快乐是个小精灵

王子茜

谁说快乐是奢求，谁说快乐是虚妄？只要你愿意，人生处处都有快乐，快乐像个精灵，只要你心中有"森林"，它便飞奔向你，使你快乐。

快乐极其像一株玫瑰，当你将玫瑰赠予他人时，你的手中也会有爱的芬芳。快乐像一种易挥发的香水，当你将香水喷洒他人时，你的身上也会溅上几滴。快乐的芳香弥漫在你我周围，我们共同沐浴在快乐中，当你馈赠别人快乐，你得到的快乐，绝不比你馈赠的少。

快乐是一种心情，只要你为人乐观向上，便会感知快乐。遇到有许多作业，你不应懊丧，而应感到生活变得好充实；遇到感冒，你不应垂头，而应感到可以好好休息几天了。只要你在面对困难时有快乐的心态，你会发现你已经变得快乐了，快乐已奔向你了。

快乐是天边的云彩，总是一直在变幻。它到处飘，或飘到你的头顶，或飘到他人的头顶。朵朵白云，一直变化不停，当飘到他人头顶时，你不应该生气，为什么不飘到我头顶？殊不知，就是因为你这样的想法，快乐才会离你而去。人生是一锅水，太冷清不行，太沸腾不行，快乐是六十度，既温和，又美丽。

快乐诠释，诠释生活；生活精彩，精彩永恒，只要你心中有"森林"，快乐便会飞向你!

至少，还有人能记得你

董川娥

下午的天空阴沉沉的，用无形的力将路上的行人压得喘不过气来。这样坏的天气加上连日的坏心情，迫使我的眉头皱成一团。

我在街上漫无目的地逛来荡去，听着店铺门口五花八门的摇滚乐，不知不觉间竟走到我时常光顾的奶茶店。说是时常光顾，也不尽然，细数之下，该有段日子没来了吧。透过明亮、反光的玻璃门，看到老板娘依旧扎着利落的马尾，听到从门口传来的风铃声，她抬起头对着我笑，两个浅浅的酒窝，确乎是装满了深深的幸福。对我笑？哦，应该是出于礼貌吧，我看着柜台上有着干净笑容的白瓷招财猫发呆。自己本就是被大家遗忘的个体，无人惦念，更无人关心。

"最近没怎么看见你来呢！"她一边说一边将奶茶递给我。

"是啊，这不来了吗。"我表面上敷衍着，心中却暗暗地吃了一惊，想不到她每天迎来送往这么多人，却能记得我。我接过奶茶，小小地轻啜一口，熟悉的味道从味蕾直达心脏，这股冲击让我想到前几日不知在哪里看到的故事，内容大致是这样的：

　　数九隆冬的夜晚，我去楼下的商店买速冻饺子，老板揉揉惺忪的睡眼后懒洋洋地指着冰箱让我挑，当我准备从冰箱里拿冻饺时，一盒"八喜"凑过来说，把我拿走吧，这儿忒冷了。我笑道，跟我回家不也要进冰箱么。它却说，被遗忘和被保存，能一样吗。结局就是在那个寒冷的夜晚，我带着一盒怕冷的"八喜"回家了。

　　"以前都是你爸跟你一起来，这次怎么一个人来？"

　　我无奈地耸耸肩说："他今天上班啊，没时间陪我的。"

　　"这样啊……怎么？今天带书来看吗？"

　　"当然有带啊，"我兴致勃勃地从背包里拿出刚从图书馆借的书，继续说道，"这本书我很喜欢，讲的是……"

　　天空不知何时已彩霞缤纷，五颜六色的云朵聚在一起，在苍穹上留下行行美丽的诗句：

　　你有没有过这样的感觉，

　　当你觉得自己形单影只、孤立无援时，

　　多希望有人能记得你，想起你。

　　哪怕是与你擦肩而过的陌生人，

　　哪怕只一分，只一秒——

　　至少，还有人能记得你。

一次相逢一次暖

亲情，弥漫在山路间

周君艺

　　世上最难以割舍的感情是什么？是亲情。亲情是一棵郁郁葱葱的大树，在炎炎夏日给你浓荫；亲情是一束明亮耀眼的灯光，在漫漫黑夜给你光明；亲情是一缕沁人心脾的和风，在疲惫之际给你抚慰……

——题记

　　当我来到武当山的山脚下，放眼望去，色泽或深或浅的绿便占满了我的眼球。一座座山峰彼此推着挤着，好不活泼热闹。白昼渐渐没入黑暗之中，我静静期待着明早的登山。

　　第二天早上，天还没亮，山里已传来清脆的鸟鸣和潺潺的水声。饭饱水足后，我们便开始登山了。刚开始的时候，我跑得很快。台阶虽然很陡峭，但我脚上似乎装了弹簧，两个台阶一跨，跑在最前面。爸爸的身体很好，爬山对他来说算不了什么。他一直跟在我的身后，视线总离不开我的一举一动，连我一个微微的后仰他都要用那双大手紧紧扶住我。

　　山里开始起风了，那惹人爱的绿也情不自禁地跳起了伦巴，让人总有想拥抱那绿的念头。刚想迈出左脚，膝关节却一阵剧痛，我一屁股坐在了地上。爸爸连忙俯下身子，为我又搓又揉，嘴里念叨着："不要紧，休息一会儿就好了！"我勉强站起来，试着走了两步，但还是不行。爸爸伸出他那双大手，紧紧地握住我的小手向上使劲。这样我在他的搀扶下一步一步向上跳。我摸着爸爸的手，有些粗糙但很暖和。

爬了好一会儿，我望着那些无止境的台阶发晕，便一屁股坐在旁边的石头上，气得喊道："累死了！我走不动了！"爸爸用慈祥而坚毅的目光看着我说："孩子，爸爸相信你一定能战胜你自己！你不是说过什么也打不倒你吗？加油，今天表现很不错！"听着爸爸温暖的安慰和鼓励，我站起身来，拍拍身上的灰，用自信的目光回应着爸爸："走吧！向前冲！"我们父女俩相视一笑，继续前行。

天蒙蒙亮，我们走走停停，始终没有放弃，爸爸在身边一直鼓励着我，让我一次次从妥协和放弃中走出来，那双大手也始终没松开过。终于，我们隐隐约约可以看到山顶了，于是在欣喜中不觉加快了脚步。

当太阳从云雾中射出耀眼的光芒时，我们到达了山顶。那一幅云雾缭绕，山峦起伏的画卷似乎是为胜利者准备的礼物。往下眺望，真有一种"会当凌绝顶，一览众山小"的感觉，那一片迷人的绿似乎也在欢笑！山峰被我踏在脚下，我战胜了它，我的心底顿时涌出无比的喜悦和荣耀。回想这一路走来，最让我感动的是一直陪伴在我身边的爸爸，那双大手在我最需要帮助的时候给我力量，让我有了继续走下去的勇气。

我想，在今后的日子里，在茫茫而漫长的人生路上，父亲会一直陪伴着我，为我指引正确的方向。亲情将伴我走过幸福的每一天！

美丽的遇见

熊紫依

"爷爷,我去上学了啊。"我一边整理着需要带走的东西,一边和爷爷告别。我不是去什么远的地方,也不会走很久,而是每周日都会从家里回到学校,就如同今天。

黄昏是美好的,太阳红着脸安详地躺在天空的怀抱里。

东西很快就整理好了,我背上背包,一只脚刚要踏出门槛时,便被那个熟悉而和蔼的声音拉了回来:"刚吃完饭就要走了啊?"我"嗯"了一声,爷爷又问:"那……东西都带齐了吗?""带齐了。"我回答。他还是忍不住又问我:"还有没有什么东西想带走的?"我摇了摇头,他继续对我说:"毛衣多带几件去,穿暖和点儿。"我有些敷衍地说:"知道了,知道了。"他不再说话,只是在一旁静静地注视着我。

我不太习惯别人盯着我看,一时间感到不知所措,连忙用撒娇的口吻对他说道:"爷爷,我想吃橘子了。"他听后,立马露出欣喜的神色,笑眯眯地走到大门前。

我家大门前有十几棵橘子树,都是爷爷在多年前亲手栽种的。我在长,树也在长,橘子也从原来的青涩慢慢变成了成熟的黄色。

爷爷不是很高，我却看到他一直踮起脚在够树枝高端上的橘子，他总是说，上面的橘子更黄、更熟、更甜。是啊，爷爷给我摘的橘子总是很甜呢。

我站在一旁，望着他。还记得小时候爷爷总是帮我把橘子掰成一瓣一瓣的，然后喂到我的嘴里，又轻轻"骂"我一句："小馋猫。"

眼前的他已经老了。

人家都说他很硬朗，我想，也许是以前生活过得太艰苦而练就出来的吧。

他摘一个就放一个到篮子里，并对我说："这样橘子就不会被摔烂了。"我不言，篮子都快要满了，他却还不住手。高枝上的那些黄了的橘子越来越少，眼看这棵树上的已经被他摘完了，他又换了另一棵。

我忍不住喊："爷爷，别摘了。我哪里吃得了那么多呀。"

"慢慢吃，放着又不会坏。"他的手还在不停忙着。

"我真的不要了！多了我提不动！"

他停下手，提着篮子向我走来。

天空被夕阳染红了。

在我眼前的他，矮小却又无比高大。

我接过篮子，注意到了他的手，又黑又皱，还生满了老茧，这就是农民的手啊！

我真的要离家了，怀着某种感慨。

我抬头看夕阳，脑海里浮现着他还在为我摘橘子的场景。

走到一个转弯的路口，我忍不住回头望去，眼睛里是那个熟悉的身影，又想起了他那苍老的面容、鬓上的白发以及岁月的痕迹——皱纹。

　　我看不清他此时是怎样的眼神，我也无法形容我的心情。只是，他的那份爱意一直在我心上，然后逐渐扩散到全身，让我不禁红了眼眶。

　　突然发现，这样的场景原来早已重复了多次，这样的遇见原来是那样的美丽动人，只是从前的我从未留意过而已。这一幕幕的画面定格在我的内心深处，让我难以忘怀，也不敢忘怀。

爸爸，我想你了

祁志国

夜深人静时，虫声透过窗纱，化作丝丝缕缕的思念，荡漾一轮如水的明月，轻轻地，淡淡地，撩动着我的心弦。我想起了《水调歌头》里那一轮羸弱而绝美的明月。词人、离人仰望她的美好，谁曾想过她的孤独？看着不知是白霜还是清水一般的月光，一轮明月便悬上心头。月上斑驳的影子是嫦娥，是吴刚，是巴金说的某某人吧，抑或是天上的街市的一隅？

大约十多年前，爸爸走了，而且是永不回头地"走"，永不再回来。他留给我的印象有如黑板上的粉笔字被轻轻擦去后在空中飞舞的粉末，模糊而又真切地存在。

关于爸爸的一切，有亲人们慢慢告诉我的，也有我模糊记忆里的点点印记。爸爸虽然多少次在睡梦中出现，又在睡梦中消失。但在梦中我与他是在一起的，我们一起划船，一起钓鱼，一起做作业，一起吃饭……

做作业时，我会假装不会做，让爸爸来给我解释。爸爸拿着题目认真地给我讲解，我却看着他那已有白发的两鬓。我静静地看着他，直到入神。他讲了半天才知道我走神了，却也只是轻抚

一次相逢一次暖

一下我的头然后对我温柔一笑，让我感到很温馨。

在一起吃饭的时候，我会把一块鸡肉夹到爸爸碗里，对他说："您是家中的主干，应该吃好一点儿。"他会笑着咬一口鸡肉，说："还是儿子最乖，知道爸爸喜欢吃肉。"说完便也夹一个鸡腿给我，说："你正长身体，要多吃一点儿！"我大口地吃着，吃得满嘴都是油，再让爸爸来给我擦。在他伸出手为我擦时，我一闪，他没擦着。我会哈哈大笑，他也无奈地摇头罢了。

晚上睡觉的时候，我常常会乱蹬被子，总是患一些小病。爸爸怕我着凉，常常会在很晚的时候起来给我盖被子，每当我醒来时，被子都好好的盖在我身上。我有时还会故意蹬被子，看爸爸会不会给我盖被子。在我眯缝的眼睛中，总会看到爸爸蹑手蹑脚地走进我的房间，佝偻着背，从地上轻轻地抱起被子，又轻轻地替我盖上，最后带着慈爱的笑容离开。

想起这些难忘的瞬间，我的心里顿时像那弯月亮一般明亮了些。然而只是一瞬，如同安徒生笔下小女孩儿手中的火柴棒一样。稍纵即逝的美好遇见，只能让人感到更加孤独无助。那明月应是孤独的夜的泪珠吧！我只能借天上的明月，捎带我的心里话：爸爸，你在那边要好好的。我会经常与你在梦中相遇，告诉你我也很好。我的个子长高了，脸上出现了青春痘，成绩也进步了……

缕 缕 药 香

张耕夫

　　小时候，我体质很差，父母十分担心，便于一年暑假带我到重庆去看一位老中医。那老中医看了半天，开了几大纸包的药。那药分两种：一种用来洗药澡，另一种用来煎服。

　　年幼的我从来没有主动碰过那些中药，不仅是因为它们奇苦无比，而且更因为到现在我还清楚地记得那里面有一味药是一种很小的蛇，于是我便视那些中药为毒药，望而生畏。

　　后来的日子，我吃尽了苦头。由于我的"顽抗"，所以每次吃药或洗澡的时候，父母都要轮番上阵，软硬兼施，有时温柔劝抚，但更多的时候是强行逼迫。

　　记得有一次刚喝完药，又要洗药澡，我拼命挣扎，想逃出浴室。无奈，年幼的我根本无法摆脱两个大人的束缚，我被硬生生地按进澡盆。母亲仔细地用那药水在我身上擦抹冲洗。突然，我猛地跳将起来，几乎掀翻了澡盆。眼疾手快的父亲赶紧将我摁住，我拼命拍打挣脱，药汁四溅，但父母根本顾不上这些，只是将我死死按住。我无计可施，便索性大哭起来，声音响彻天际。母亲安慰我半天，仍不奏效，最后竟也哭了。她哭得很安静，带着一脸的愁苦和焦急，轻轻地对我说："好孩子，妈知道你难受，但你要理解妈妈呀，我是为你好啊！"

那段日子，家里总弥漫着一股浓浓的药味，还有父母那沾满药渍的衣服。

后来我长大了，许多事大抵都忘却了，但唯不能忘记那喝药时的痛苦，并常以此抱怨父母不理解我的感受。

一次读《红楼梦》，里面有一段宝玉为晴雯熬药的内容，记得宝玉说："我这房里什么香都有，独少了这药香。现在可好，什么香都有了。这药香却比其他的香好百倍呢！"我惊疑费解，药怎么是香的呢？

以后，喝中药时，望着那深褐色的、温热的液体，我想起宝玉的话，于是细细品味起来。突然往事重现，我又想起那一大包一大包的药，想起父母沾满药渍的衣服，想起母亲落下的眼泪……我赶紧端起碗，大口大口地将药和泪水一并咽下，咽下……

现在，我还常常想起小时候喝的那些中药，我要感谢它，是它让我理解了父母对我始终不变的浓浓的爱。或许，这爱表面似苦，难以入口，但细细品味，你会发现，留在唇齿间，留在舌根处的，是挥之不去的一生的浓香……

哦！那缕缕药香！

邂逅一段美丽的童年

张 妮

时间是一片沙滩，那一个个脚印，便是我留下来的串串成长的脚印，让我沿着过去的足迹，重温那童年岁月里的一段段美丽的遇见。

外婆巧手做出的美味，弥漫的香气氤氲了我馋嘴的童年。

外婆年轻时是我们那儿的大厨，是我童年里的美味仙子。她系着一条蓝色围裙，蒸烹煎煮样样在行，一道道百吃不厌的好菜像变魔术似的出锅，满厨房的香味喂饱了我的童年。最让人难忘的是外婆煮的粉条，紫黑色圆润的粉条像打了结的绳子缠在一起躺在雪白的碗里，粉条泡在浓浓的鸡汤里，加上一个大鸡腿，浇上麻辣酱，酱汁渗进粉条间的缝隙里——浓郁的鸡汤上透着嫣红，煞是好看！青葱点缀在浓汤上，好似长出了青草，惹人眼馋，嘴也馋，直勾得我口水滴个不停。

我家美丽的后院，多彩的游戏快乐了我的童年。那儿有奶奶细心培育的蔬菜，有橘子树、栀子花树。每年的六七月份，后院就弥漫着浓郁的栀子花香味，那里还有成片的牵牛花，红的、黄的、紫的，品种齐全，也有墨绿色草地。那儿是我们的游戏天堂，我和小伙伴们在那儿跳房子、跳皮筋、过家家、捉迷藏……院子可是我们捉迷藏的好去处。记得那儿还有一个大草堆，我们每次都躲在草堆的后面，叫小伙伴们找得好苦。我们每个人嘴里、头发上、衣服上到处都沾满了草屑。要是累了，还可以顺势一躺睡大觉。每到九十月份的时候就会有人来偷橘子，那个时候我就是橘子们的保护神。

后院那儿还有个叫人胆寒的水塘，上面还有个窄窄的小桥。奶奶那时总嘱咐我不要过桥，小心掉下去被水鬼吃了的。但在那时，我们一群傻孩子胆大包天，说桥那边有棵果树，想过去尝尝果子。我被一群熊孩子说得给馋死了，全然把奶奶的嘱咐扔到十万八千里之外去了。我们排着队过桥，结果我不知道被哪个顽皮的熊孩子推到水塘里去了，吓得我直叫："救命啊！"最后不知道被谁救上来了。大难不死的我，却陷入死亡恐惧中，奶奶她们都以为我吓傻了，从此以后我不敢下水游泳了，现在想想都有点儿后怕呢！

虽然我已经长大了，可是童年的岁月依稀浮现在脑海中，那些片段幻化成一朵云，一束花，让记忆美丽起来。

晒晒我家的那些事儿

陈梦婷

　　我的四口之家，由我、妈、爸和弟弟组成！　在这个家庭中，老妈就是老大，因为老妈最厉害了，上得厅堂，下得厨房，教育着我们，管得了老爸……"我们今天去游乐园玩吧！"老爸神经兮兮地说道。

　　我一副受不了的样子对老爸说："什么！你多大了？还去游乐园，幼稚不！"

　　老爸突然就像变了一个人似的，戏谑地说："别装，我知道你是想去的。"

　　"什么！"我装作听不懂的样子，

　　"没什么。"老爸也明显不想和我多说，然后斩钉截铁地问，"去不去？"

　　"去，我先去和老妈说一声再走吧！"老爸语音刚落我就接了上去。

　　老爸一脸无奈地说："你是在开玩笑吗？告诉了你妈，那我们还出得了这个家门吗？"

　　我一脸正色地说道："你是在开玩笑吗？不告诉老妈，我们

一次相逢一次暖

还进得了这个家门吗？" 当我和老爸在告不告诉老妈这件事上纠缠不清的时候，站在门外的老弟知道了一切，悄悄地离开了……

"报告老妈大人！老爸和老姐要造反，事态严重！请示如何处理？"老弟一脸严肃地对老妈说道。

"喔？是嘛？他们又忘记吃药了？又在闹什么？"老妈似乎对这都习以为常了。

"报告，他们想出玩，并且不打算汇报。"老弟满脸严肃。他刚说完这句话就发现了气氛不对，抬起头就看见老妈正在暴走的临界状态，毫不停留地去了我们的所在地，老弟也随后跟上。

当我们还在争执的时候，老妈神不知鬼不觉地就站在了我们的身后，机智的我非常及时地发现了气氛不对，转头一看，"情不自禁"地说了一句："我的天！"待我反应过来时，顿时有了一种做贼心虚的感觉。

"你们有什么想和我交代的啊？"老妈故作镇定地咳了咳。

"没有啊！什么都没有啊！"我说道。

"但是我刚刚明明听到……"老妈有些不屑地说。

"好吧！我说……是老爸要劫我去游乐园的。"我一下就把矛头转向了老爸，"其实我心里是拒绝的，我是站在你这边的。"说完后，我就非常狡猾地对着老妈笑了一下。然后就是老爸被审判的时候，而我就站在一旁看好戏如何上演。没想到啊，半小时后老爸依旧被审判中，善良的我不忍心再看戏，插了一句："所以老妈，你说这么多是想表达什么？"

老妈大声地说道："不想表达什么……只是想你们带上我而已。"

"不早说！走！走！走！现在就走。"说完我便推着老妈出去了，老爸自然也跟上了，只留老弟一个人留在原地，一副没反应过来的样子。

　　老弟小声嘟哝着："貌似和我想的不太一样啊……"

　　其实这种家庭也挺有趣的，不是吗？

"纯棉"的母亲

余　意

　　纯棉是百分之一百的棉，"纯棉"的母亲就意味着纯粹的温暖和柔软。母爱被那落后于时代的料子包裹着的一尘不染，而我也总在这纯棉布上撒娇，打闹，快乐地长高。

　　母亲具有纯棉的舒适与温暖，我从出生到学会说话，慢慢长大，这都要归功于我的母亲，母亲用她那无私胸怀让我来到世界，我在纯棉那贴身舒适的臂弯中，光着自己的小脚丫，吮吸着妈妈的乳汁。母亲无论何时都是我踏实的依靠。闲暇时我会靠在母亲身上，享受和母亲在一起的快乐。母亲长得娇小，可很有刚气。从我记事起，母亲就从来没有哭过，还经常告诉我不要哭，要坚强。

　　母亲具有纯棉一样好的吸水性。我的父亲工作很忙，做家务、照顾我的责任都落在母亲一个人身上，可母亲一直任劳任怨。母亲贤惠善良，乐于助人，总是帮助贫穷的人，会给他们送衣送物，还有精神的食粮。从我记事起，母亲就像纯棉吸水一样改掉我的坏毛病。以前，我总是浪费时间，可是母亲后来劝诫我要珍惜时间。母亲说：时间就像海棉里的水，只要愿挤，总还是有的。不论母亲工作多累，每天都会检查我的作业和学习情况。母亲喜欢书，她还是我的作文业余指导。

母亲也具有纯棉的弹性，如果我取得了不错的成绩，她会让我放松一下。她还会和我一起庆祝，弄得比我还高兴。看她那单纯的样子，纯棉的弹性仿佛让她回到儿时，好像是她获了奖一样。

经过千百次的洗涤熨烫，虽然已经褪色，但她依然是百分之一百的纯棉人——母亲。

安然握住那份好

曾雨晨

在你独自走向幽深的隧道时，你永远也不会知道，身后会有一个人陪你度过这漫长岁月。

我承认：我是真的对奶奶不好。

小时候，我与奶奶是最亲密的。我总是粘在她怀里，听她讲一些自编的童话故事，会因为她口袋里变出一颗糖而兴奋半天，会在她的大蒲扇下安然睡着，会屁颠屁颠地去帮奶奶做任何事。当然，我也从来没有和她吵过架。

我之前最喜欢在她的陪伴下晒太阳。太阳黄灿灿地像一颗圆圆的鸡蛋黄。旁边的云朵竟像一只小鸟的喙。小鸟渐渐散开，也许，它去追红樱桃了。

我不愿做那只小鸟，也不愿在不知不觉中发现时过已境迁，更不愿永无休止的奔跑却忘了回头看一眼。

也不知是从何时起，我和奶奶之间莫名得有了代沟。这代沟就是一堵不可逾越的墙，让我不能把心对着她。

我开始对她有种不耐烦的感觉，她说的话我都不往耳朵里去。我开始伸手向她要钱，也许我是真的不知道，这些钱是她省吃俭用一块一块攒下来的。

记得有一次停电，她做的饭竟然是生的，但是我还要上课呀，便对她吼："马上要上课了，你饭都还没做，你想让我饿死啊？"她忙手忙脚地把菜放进锅里转身对我说："马上就好了，你等一下哈。"我又吼道："等一下？那你为什么不早一点烧饭呢？"说完便冲出了家门，我在跑的同时听到她说："快回来！不吃饭下午会饿的呀……"

当空着肚子上完几节课后回家，我发现家门口的樟树下影影绰绰地站着一个人，树枝一晃动，身影就变虚了。仔细一看，原来是奶奶。

当我走近时，她连忙走过来，抓着我的手把我领进厨房，端出一碗鸡蛋面。我却还和她赌气，不肯动筷子去吃。她又说："我的孙儿呀，饿了吧，都是我的错，赶快吃吧，不够我再下，这是刚煮的。"

我吃面的时候她又在旁边说："哎！这什么学校？大冬天的上课上得这么晚？我的孙儿几时睡过好觉呀？天还没亮就起床，有坏人抓走了怎么办？前几天都听那对面的婆婆说有偷孩子的，这不行我要去找校长，你看我的孙儿这么瘦，都养不胖。"

我吞下一口面，说："你太天真了。既然这样，那我干脆不去上学了。"

她又说："我看到你这样我很心疼。"

我默认了她的话，有些苦只得闷在心里不说。

冬天我的手脚都是冰凉的，被子里没有热气。小时候我是常和奶奶睡的，但长大后就从来没有过了，因为我讨厌她的呼噜声。

有一次我不得不和她睡。进被子时，我睡的那一块位置暖好了。我进去后，她一碰我就说："怎么搞得？身上像冰块一样，快进来！"说完就把我抱在她怀里，我就好像抱着一个发热体，霎时，身体滚烫烫的。

果不其然，我又被她的呼噜声吵醒，便不耐烦地吼："还让不让我睡了？"

奇怪的是，这种声音在下半夜就没出现过。

第二天，我才知道她为了不打扰我休息，坐到了天亮，却又在七点起了床。

她总是在家门口等待着我的归来，在我上学时目睹我的背影渐渐远去。她总是守在我身边却被我冷落。

也许我总是朝着前进的方向看去，却永远不知道她总是心甘情愿地在我身后陪我度过这漫长岁月。朋友，安然握住亲人对你的好吧，好好珍藏这一份最美的情愫。

我 的 爷 爷

刘菲菲

2015年的元宵节，我知道了什么是"死"。这是一个可怕而又无法回避的字。

离开的这个人是我的爷爷，陪伴了我整个童年的爷爷。

在葬礼上，我一言不发，思绪如潮涌。一个人再也不会哭，不会笑，不会说话了，世界上再也没有这个人了，他消失了。奶奶趴在他旁边，我从没见过她如此伤心的样子。妈妈也在哭，爸爸站在一旁，没说一句话，眉宇间却藏匿着难以言说的悲伤。屋外低沉的音乐，这哀吟的声音让我感觉我的童年从我生命中迅速抽离，随之而来的空白，亮得刺眼，让我手足无措。

我想起一天前，我正悠闲地走在回家的路上，爸爸来了，有些慌乱地对我说，爷爷不行了。爸爸把车开得很快，耳边风呼呼的声音盖过了周围的一切，我却清楚地听到爸爸喉间的哽咽声。当我们四个孙子站在他旁边时，眼泪像洪水一样就要漫过我心灵的堤坝，我使劲地把它憋回去了。爷爷说过，不要哭。我就不会在他面前哭。然而他还是离开了这个世界，离开了我们。

我想起一个星期前，那天爸爸把病了一年的爷爷接到我家，我知道这意味着什么。那几天我每天写完作业就跑到床边陪他说话，给他讲好多他之前给我讲的故事。他就把眼睛瞪得大大地看着我，仿佛在担心自己下一秒会睡去。没过几天，家里人就把爷爷的床搬到地上，我也知道这意味着什么。那天晚上我拿来爸爸的手机，我想唱歌给他听，但打开锁屏的那一霎间，我甚至不知道该唱什么样的歌。我看见他嘴角的笑，他病了以来就没笑过了。

我想起半年前，他半身不遂，话也说不清，事事需要人照料。那天我们回老家去看他，他低着头谁也不愿意看。我知道，他是一个多么骄傲的人。爸妈推他出去散步，他很抗拒，我知道，他不想让那么多人看到自己如此狼狈的样子。他一生多么风光，现在却如此狼狈。

我想起一年前，他被推进手术室的最后一句话竟是关于我！当时我就跑到医院的洗手间里号啕大哭。

我想起五年前，那天晚上我病得厉害，他刚睡下却发现我烧得不轻，起床背着我去医院，我还嘟囔着有怪兽。

然后我又看看现在的他，面色苍白，没有温度。我坐到他旁边，抱着他，他的骨头硌得我好疼。

爷爷，我好想你面红耳赤批评着弟弟而处处偏袒我的样子；我好想你拉着我时掌心的温度你总怕我走丢了；我好想你那一点点臭美的样子比我更在乎形象；我好想你明朗的声音催着我起床……

您说，不许哭，不管发生什么困难我都要笑着面对。不管它昨天给了我怎样的悲痛，我都应感谢它，是它教会我坚强。

七 彩 童 年

尹术熠

　　童年像一场梦；童年像一只飞在蓝天中的鸟儿，无忧无虑；童年像空中的彩虹，有红、橙、黄、绿、青、蓝、紫，各色不一，形态不同。其中有我的调皮、有我的懂事、有我的快乐、有我的失落。这些美丽往事，都让我无法忘记。

　　记得小时候，每当我用手指向空中那最亮、最圆的白玉盘——月亮时，身旁的爷爷奶奶总会把我的手指拍下来，训斥道："月亮不能用手乱指的，不然月亮会趁你晚上睡觉时偷偷把你的耳朵割下来，因为指月亮表示对它的不尊敬。"听了他们的话，我的心忐忑不安，每次看见月亮就赶紧捂住耳朵。脑子里也不免有了一个大大的问号，"那么美的月亮，怎么会做这么可怕的事情呢？"

　　有一次，老师教我们唱关于月亮的歌，在老师提问时我想到了爷爷奶奶的话，于是就站起来问："老师，用手指月亮，晚上睡觉时耳朵会被割掉吗？"谁知，话音刚落，全班都哈哈大笑起来，说："怎么可能啊！""难道月亮有手？"……只有老师和蔼地摇摇头，说："不，那是老一辈对月亮迷信的说法，我们应该相信科学。"听了老师的话,我悬着的心放下了一半。

到了晚上,我想证明老师的话,于是鼓足勇气,抖了抖紧张的手,然后指向了月亮。可心里实在是太紧张了,我指了一会儿就赶紧缩回了手,跑到床上,捂紧了耳朵,紧张兮兮地过了一夜。第二天早上我醒来的第一件事就是摸耳朵,"哦!耳朵还在。"我叫了一声,悬着的心总算能彻底放下了。

哈哈!有趣吧!我的童年就是这样,傻事趣事一大堆。也正是这些事组成了我的七彩童年,它们将成为我人生中最美的回忆。

这 就 是 我

段志伟

你们好，我叫段志伟，今年九岁了，在实验小学读书。我不胖也不瘦，乌黑的头发下长着弯弯的眉毛和水灵灵的大眼睛，我还有一张小嘴巴，说起话来就没完没了，这些特点加起来，便成了活泼可爱的我。我还有个最大的特点，就是贪吃。

有一次，我和妈妈到超市里买东西，我急忙拿起一个篮子，眼睛像机关枪一样"扫射"着食品柜，然后像箭一样飞奔过去，左手抓起一包棉花糖，右手抓起一包鸡翅，妈妈见了，说："别拿了，别拿了，再拿你就要成大胖子了。""大胖子。"我一听到要变成大胖子，马上不拿了。之后，我和妈妈结了账，高高兴兴地回家了。回家没一会儿，我又饿了，想起刚买的零食，便拿起零食津津有味地吃起来。没一会儿的工夫，它们就被我给"消灭"了。

我还有一个特点，就是爱看书，别人都叫我"小书迷"。记得有一天，我正津津有味地看《童话大全》，妈妈对我说："去帮我买包糖，中午咱们吃糖醋排骨。"我接过钱来到了楼下的小卖部，脑海里还不时出现书中的精彩情节，就在进门的那一刻，我竟然忘了妈妈要我买什么了。我绞尽脑汁地想，可还是没有想出来。最后我买了包盐，回到家，妈妈看见我手中的盐，有点儿生气地说："你呀！记性也太差了吧。是不是因为那本书让你买错了？你这个小书迷，真拿你没办法。"

这就是我，一个贪吃、爱看书的我，听了我的介绍，你愿意和我做朋友吗？

一次相逢一次暖

胡嘉文

老家的大院里，有一棵独存在角落里的铁树。它陪伴我走过无数阴雨连绵的岁月和艳阳高照的时光。

田野里，树丛间，北风在肆意地穿梭，雨雪也毫不客气地洒落。严冬，我与铁树相逢。脖子上套着加绒围巾的我挪向久违的铁树。铁树长长的枝干托着厚厚的白雪，摇摇欲坠。我用手轻轻拨开层层叠叠的厚雪，映入眼帘的是铁树那大片的枯枝——浅黄中暗藏着几分淡绿。我凝望着这位许久未见的老友，心中很是怜惜。"啪"的一声轻响，一大块雪从铁树的枝干上滚落，铁树重新扬起了手臂，须臾，便覆上了一层新雪。我在铁树旁坐下，安静感受着铁树坚强的气息。即使风一阵冷过一阵，我的心里却淌起暖流。

不知什么时候，远方竟也悄悄藏起绿意，天空多了一行北归的大雁。春分，我与铁树相逢。铁树早已开始生长新枝，簇簇长茎轻盈地站在敦厚的主干上。我伸出手，轻轻抚着。一排排细长的枝叶柔柔的，软软的，牵动着我的心。这是生命啊，我顿时心生暖意。不论烟云尘嚣，不论阳光风雨，始终以自己的姿势站立的铁枝终于守到了那一份新绿。我为它高兴，春天的空气里，荡漾着一股股令人欢欣的温暖气息。

一轮烈日当空，汗水洒尽，清风又徐来。仲夏，我与铁树相逢。铁树的长势尤其旺盛，外圈扩了一大圈，朝着炎炎夏日的枝叶墨绿得像一潭深不可测的湖水。我摩挲着它光滑坚硬的叶片，沉醉在它欣欣向荣的姿态中。一簇簇深绿是充溢的幸福感，奋发向上的生活态度是它为我吹起的号角。暖，不言而喻。

空气中泛起丝丝的凉意，秋风吹动着火红的枫叶，大片的金黄麦田里漾起层层涟漪。秋分，我与铁树相逢。铁树的勃勃生机依旧热情不减。翠绿色的枝叶倒垂下来，如同生命永垂不朽。铁树绿叶如盖，细长的手指挑逗着阳光和轻风。我依偎在铁树身旁，它的身上永远有一种精神风貌在给予我温暖，传递给我正能量，歌不尽，写不完。

铁树啊，你付出了全部的真爱，认真生活，绽放着最真的心灵之花。你感动着我，温暖着我。曾几何时，我坠入无尽深渊，被考试的失利、弄不懂的众多知识点、与父母的争吵、朋友无情的指责所打倒。是你，用你不懈的生长力和顽强的生命力在我的黑夜中烫出一个光明的洞口。无疑，你是我成长的指路人，让我逐渐找回迷失的方向，一路勇气和毅力并存。

铁树啊，一次相逢一次暖，一步踏尽一树白。你看，一晃两三年，匆匆又冬天。

我和明天有个约定

一盏心灯

孙 启

我是一个农夫，我的祖祖辈辈也是农夫，因此，人们都说我这一生注定只能是农夫。

可是，我偏不信。我只相信我自己，人定胜天！但我却不知从何着手。于是，日子便在我的思索中一天天平凡地过去。

我正在田间劳作。突然，不知从何处发出一声闷响，扭头一看，原来是一只可怜的兔子撞死在树桩上。我顿时眼睛一亮，赶紧跑了过去。老天终于开眼了，被我的雄心壮志所打动，为我开辟了一条致富之路，以后我就不用再干农活了。

这天，我什么也没做，便提着兔子回家了。妻子见我这么早就回来，满脸的惊讶与愤怒。不知为什么，心头突然涌上一丝愧疚，我在压制的怒气中挤出一句话："我这么早回来，难道不高兴？"

她皱了皱眉，说："当然了，这么早不干活跑回家来干什么？赶紧回去！"

"你先听我说嘛，说完再赶我行不？"

"好吧，有什么快说，别浪费时间。"

"我今天干活时，捡到了一只撞死在树桩上的兔子，你看。"我边说边用手指了指躺在地上的那只兔子。

　　"噢，那太好了，咱儿子今儿可有肉吃了。"

　　"而且，我还发现了一条致富之路，以后我们再也不用干农活了！"我说着说着渐渐激动起来。

　　"什么呀？"她很平静地说道，"天底下哪有这么好的事？"

　　"当然啦，以后，我就天天坐在树桩上，等着兔子跑进我怀里。"说完，我得意地笑了笑。可她却很不屑地说道："算了吧，人家兔子会比你还傻？快干活去，别在这儿偷懒！"

　　听她这么一说，我的心情一落千丈，可我仍然想试一试。

　　第二天，我照样来到田间，可我却背着家人坐在了树桩上，等着我的兔子。可是，一连好几天过去了，兔子再没有光临树桩，难道上帝忘了我？

　　望着家里那日渐见底的米缸，我后悔了，我愧对家人。

　　一天夜里，我睁开眼睛，突然发现我正置身于一片漆黑之中。此时，对面突然燃起了一盏灯，从黑暗中射出一缕光照在我的胸口，我只觉胸口一阵发麻。我突然意识到什么：不管那是不是梦，可它却告诉我，人活着就要脚踏实地，辛苦才会有回报。

　　人心有灯亦无灯，心灯，只不过是人心深处最真实的想法罢了。有些人明知不对，却偏爱执着于错误的事情，这样只会离成功越来越远，但你只要坚定信念，相信不管多辛苦，都会有个结果。

我好想化作一只鸟

屈思琴

咦！外面怎么有"叽叽喳喳"的声音呀？我向窗外望去，只见有几只鸟在枝头歌唱。那清脆的叫声让我暂时忘记了难题的困扰。那一定是一些美丽的鸟，我好想看一看它们俊俏的模样，好想听一听它们精彩的演唱会。

我迈着轻快的步子走出房间，刚走到大门口，忽然听见一声："干吗去？作业做完了没有？"我转过头一看，父亲一脸严肃地看着我。我吓得低下了头，"我马上去做！"说着，我窘迫地走回房间。

回到房间里，我又开始做那该死的难题！可是我怎么也不能安静下来，耳朵里全部都是那鸟儿清脆的歌声。我不得不放下作业，想知道那优秀的歌手还在么？我再次向窗外看去，连一只鸟儿的影子也没有。它们都跑到哪里去了？我的心里十分失落。

这几天我的心理压力好大。自从上次考试失利后，父亲对我严加看管，每天让我做堆成山的作业，我几乎喘不过气来。我好想到户外散一散心，可是父亲总是不允许我去，说只有我的成绩进步了，才让我去。下周就要考试了，我的心里好害怕，好紧张。我觉得自己就像一只关在笼中的小鸟，没有一点儿自由，每天过着枯燥无味的生活。

如果我能化作一只鸟，那该多好！那样，我就没有那可怕的考试，也没有那堆成山的作业。我就不用听老师严厉的批评，也不用看父亲那严肃的脸色。我不必整天关在房间里，不必受到父亲严格的管教，也不必每天听那没完没了的唠叨。

如果我能化作一只鸟，那该多好！那样，我就可以飞出这可怕的牢笼，可以在那蓝蓝的天空自由地翱翔。我就可以飞过高山，飞过大海，飞过森林，飞过草原。我就可以访遍天下的名山大川，可以饱览世界各地的风土人情。

啊！我好想化作一只鸟！

我的名字叫岚

丁鸢

　　我想我应该赶快离开这儿。在这个汗涔涔的下午，在这个到处充满着秘密的村庄中，蔚蓝色的星球，美丽的小溪，请你们把我最后一点儿秘密与尊严掩埋吧！

　　我叫岚，如同那美丽星球所衍生出的一样，"山中的雾气"。我只是由长官从那颗蔚蓝色星球上所收集的雾气中经研究而产生的物种，现在我开始有了意识。我无数次从太空舱的窗口往下望，看我的母亲，那颗蔚蓝色、美丽而又神秘的，被称之为地球的地方。我现在所在的地方很好，真的很好，但不是我所渴望的。在这儿我可以随心所欲，去任何一个星球旅行，但唯独去不了地球。我不知道是什么原因造成的，天灾？人祸？但我知道地球就像一个身负千斤重担的巨大的骆驼一样，只需最后一根稻草就足以压死它……

　　终于，灾难发生在那一年。那一年地球发了特大洪水，我趁着长官不在，驾驶着唯一能通向地球的工具——长官的太空舱，逃出了实验室。即使我知道长官对我很好，知道这个星球和平、安宁的环境很适合我，甚至知道长官是故意放走我的，确切地说是他默许的。因为他知道我如同飞蛾，迫切地寻找着心中的曙光。

我一路跌跌撞撞避开了许多太空垃圾，终于回到了我心目中的圣殿——地球。那时我才发现"水球"的称号名不虚传，到处都是水，我几乎看不到一个着陆点。这是我心目中的那个美丽的星球吗？我震惊了。这还是我心目中淳朴的人类吗？我惶恐了。我耗费了我所有的精力来填补人类自掘的坟墓与贪婪自私的结果，很快我就分不清今夕是何年了。

我做了一个梦。当我还是一团小小的雾的时候，我游览过很多地方，只要是风到过的山林，总会出现我的身影。虽然那时我的记忆很短暂，但在梦境这个虚拟的空间里，我总会想起一些什么来。当我醒来时，我被一些金光闪闪的东西晃得闭上了眼，我迫切地想睁开眼睛，却发现再也睁不开了。我只能感受到周围的垃圾与鼻翼间的恶臭以及这是一条小溪。

"大哥，就是这儿！这里就是磁场异常与古代留下宝物的地方！"一个矮小敦实的男人对着另一个看起来精明能干的瘦高男人说。这个瘦高男人狠狠地踢了他一脚，眼神阴戾地看着他，那个矮小敦实的男人立刻明白他自个说错了话，乖乖自个掌嘴。

等那一群人走了之后，我敏锐地察觉到又有人来了。"村主任，那群科学家发现了这儿的秘密，我们再怎么扔垃圾掩埋金条也没意义了"。"可惜了这条小溪啊！以后应该也回不到以前这些金条个清澈见底的状态了吧，当时我真是鬼迷心窍被利益蒙蔽了双眼，那永远是属于国家的，我们不应该占有。""那难道埋藏了这么久我们也守护了这么久就要把它们拱手让人了吗？""你听我说，这本就不是属于我们的，我们也已经自私了那么久！交给这群科学家，让他们归还给国家吧！"我感觉我好像听到了什么了不起的大秘密，全身的细胞都在兴奋地叫嚣着。因为自我有意识以来，那个外星球只有冰冷的机器人与所谓的人工智能。他们虽然会讲笑话，但我总觉得莫名的哀伤，他们无法有自己的意识就像提线木偶一样，无趣极了。

虽然我看不见但那却使我的耳朵更敏锐了，我听见了远在村庄外的两人传来了这样的对话，"大哥，还是你有办法，知道这么说，他们就不得不乖乖把东西交出来了。""闭嘴！你心里有数就行了，此事不可声张。"

"咚，咚，咚"整齐划一的脚步声惊醒了我，我立刻警觉起来，用尽最后一点儿力气幻化成了水怪，他们一看见我就飞快地溜了。"大哥，那水怪真恐怖，我们怎么可能从它手里抢金条呢？""山人自有妙计！"只见他阴险一笑，他们说了什么冠冕堂皇的理由——为了村民们的安全，我们要赶走水怪。村民们竟一点儿都没起疑，纷纷拿起自己家里的垃圾往河里扔，为了逼走水怪，很快溪水彻底变成了黑色。我知道他们这样做只是为了逼走我，我只能用我最后一点儿力气，为小溪做最后一件事了。一天夜里，住在附近的人们只听到一声怒吼，然后一切归于平静。人群中或诧异，或惊奇，或恐惧，那条混浊的小溪变得清澈见底，水底再没有任何垃圾。

科学家们都惊奇地瞪大了眼睛，仿佛想知道这是不是幻觉，金条居然也不见了。我是不是死了？这里是我梦中的地球呢！这里没有污染，没有伤害，也没有那么多贪婪自私与无奈……

晒晒我那奇"葩的"家人

刘　灿

"唉！瞧这一家子……"我对我这一家子人竟然有些无语。是怎么回事呢？大家往下面看吧！

"威武"老爸

谈起我老爸，那我可要好好说道说道。你看他挺着一个硕大的碑酒肚，还有那不服帖的头发，每一根都直直得竖在他的头上，着实可以让人笑的欲罢不能啊！

"今天我炒菜，你们都得拿出一百二十分的诚意给我点赞。"老爸露出傻乎乎的表情而又坚定地说到。"呃！您确定吗？您炒菜的技术让人不敢恭维啊！"我好意地劝解道。"老爸，你是哪根筋又搭错了，您炒菜，可别把厨房给烧了。"老弟在一旁打趣道。"你爸一定是头脑发热了，让他瞎折腾去。"妈妈在一旁说道，看到我们是如此态度，老爸气鼓鼓地说："哼！你们等会看我的新秘籍，降龙十八炒，不让你们口水直流三千尺才怪哩！"听到这话，我们飞奔出厨房，就老爸那架子，想想都害怕。结果不出我们所料，厨房里传出哐当哐当的声音。只见老爸满头大汗啊！就在此时，锅内突然起了火，可把老爸吓得不轻啊！只看老爸急的跺着脚。他猛地抬起锅，直往门外冲，结果那碗菜被可怜的抛弃了。从此以后，就没有哪一次锅里不起火。终于，菜都被老爸当成试验品用光了，连渣都不剩。"唉！没有关系，我们还有吃的吗？"老爸满脸激动地问道。"还有西北风啊！"弟弟打趣道。老爸急了，"这……这不能全怪我！只能怪它们太脆弱了，不经炒啊！"顿时，我们哈哈大笑！我们这老爸也太威武了。有老爸在，咱家何愁寂寞啊！

"邪恶"老弟

"渴死我了，渴死我了，我的茶杯在哪儿"爸爸总是带着一副童趣的语气对我们说道。当听到老爸说茶杯一词时，只见我老弟眼睛里闪过一道精光，嘴角向上扬了一个角度，一副看好戏的样子在一旁静静坐着。直到爸爸终于喝了一口所谓的"茶"之后，弟弟终于忍不住哈哈大笑，只看见爸爸突然喷出茶水。此刻，房间里出现了一股酸味。爸爸疑惑地喊道："是谁把醋放在我的杯子里！赶快老实交代。"此时，我们终于了解，老弟为啥笑得那么贼了。顿时，全体人员都捧腹大笑起来。不用说就知道，这定是老弟的英雄事迹。不过，他应该马上就会知道花儿为什么那么红了。因为老爸又要对老弟进行一场批评教育了。唉！老弟又要听和尚一本正经的念经了。

"伤不起"老妈

"喂！你妈这是怎么了，怎么又在大街上跟人吵起来了，简直就像是个河东狮啊！快，快装作不认识。"老爸开玩笑地说道。"嗯嗯，我赞同。"弟弟在一旁附和道。因为我们知道，老妈马上又会给别人道歉。她总是冲动地误会别人，再去赔礼道歉，这多伤不起啊！以后上街一定得把老妈看紧点儿，别又来个河东狮吼，晒瞎众人的眼啊！

看看！看看！这就是我的一家人，够奇葩的吧！

"奇葩"老弟

叶雨菲

提起我这个"奇葩"老弟我就来气，我长得又黑又瘦，还很愚笨。人人看见他就问："呀！这个是你的弟弟吗？长得也太黑了！"人人都嘲笑这就算了，他还有一个坏毛病，总是爱揪人，并且爱动。我真怀疑他到底是不是我的亲弟弟，真是"奇葩"中的"奇葩"啊！

一天，我正在写作业，忽然遇到一个难题，思考了很久。正要到一个突破口的时候，他突然从我身后伸出一只"魔爪"，想要"进攻"我的脸。你是不知道，我已经被揪得"病入膏肓"了。被他这么一闹，我的"突破口"完全不见了。我顿时火冒三丈。那是我辛辛苦苦想出来的啊！就这么毁于一旦了。我刚想打得他满地找牙的时候就被妈妈叫住了，说："你是姐姐啊，你看你这么'秀外慧中''聪明伶俐'，你弟弟他只不过是个'乳臭未干'的小毛孩子……"。啊啊啊，我真是哑巴吃黄连——有苦说不出啊。我转过身来，看见他那得意扬扬的样子，就恨得咬牙切齿。

到了中午，我和"奇葩"老弟正坐在床上看电视，看得正起劲，电视就黑屏了。我便随口说了一句："神经病，把遥控器给我。"见他默不作声，我就转过头来，定睛一看。哇！这家伙，居然睡着了，真是不可思议。本想捉弄他一下，可当我靠近他的时候，忽然怔住了：原来他安静的时候还是挺招人喜欢的。没有早上的"孙悟空大闹天宫"，也没有晚上的"惊天地泣鬼神"，此时此刻只有一个娇小巧珑的身躯、率真可爱的脸庞。仔细看来，长而肥的"香肠嘴"，红润润的小脸颊，多么可爱啊！

我这老弟的性格，谁也捉摸不透。每次一到陌生人面前，一句话也不敢说，一动也不动，如同一个小绅士；在熟人面前，就仿佛变了一个人，像个神经病，生龙活虎的。一会儿甩甩手，一会儿踢踢腿。跟他坐在一起的时候，他总是千方百计地来揪我。哎！你怎么可以这么"奇葩"呢？

老弟呀，不要看老姐平时对你凶巴巴的，这并不代表我不喜欢你。其实在我的眼里，你一直都很棒。可我不得不说，你能不再这么"奇葩"了吗？

"零食"最重要

屈　苗

天再大，地再大，也没零食大。对她来说没有零食的日子最煎熬，有零食的日子是欢笑，零食最重要。

吃 货 如 她

"咔嚓——咔嚓——"

"你嘴可不可以消停会儿啊？"我埋怨道。虽说吃东西没有什么，主要是她吃东西的那魔音啊，简直让人崩溃。

"不能。"她塞满饼干的嘴一张，口中的零食屑也随之喷出，如同雪花散落下来，掉得到处都是。

我看她那样子可以吓死人了，她那一条缝的眼睛弯成了月牙状，嘴巴周围全是饼干屑，口齿不清地叫着："很好吃哟。"虽然我也是吃货，可是对于她我也甘拜下风啊。因为她时时刻刻都在吃。

她上课也偷吃。当老师的犀利眼神扫过来，她立马装出一副乖宝宝的样子。老师走了，她立马原形毕露，笑嘻嘻地对我们挑眉。她蜡笔小新般的粗眉毛一挑要多搞笑有多搞笑，或是鼻孔朝天对着老师磨牙说："小样，跟我斗，你还太嫩了，我可是练出来了，哈哈。"

呆 萌 如 她

"咦，我的零食哩，躲哪去了？让我找到就把你们"碎尸万段"，哼——"她一边挠头一边愤懑地说着。眼珠在眼眶里打着转转，过一会儿好像想起什么似的大叫道："对了，记起来了，我刚刚已经把它给吃了，呵呵。"她吐了吐舌头。

我干笑着对她说："呵呵呵，你不要叫这么大声，大惊小怪的。"

她不好意思地扯着自己的衣服哆哆地说："人家又不是故意的，只是激动了那么一点点。你别用这种眼神看我啦，人家会害羞的。"这语气让人鸡皮疙瘩掉一地。

可 爱 如 她

她整天疯疯癫癫，只有面对零食才肯低下她那高傲的头。她总是说："一日可无饭，不可无零食。"有时她也会傻傻地问："为什么零食这么好吃，我为什么这么喜欢它们哩。"确实是如此啊，不管在什么时候，她都可以像哆啦A梦一样从口袋里掏出一样东西来。有时还会对着零食大喊："来吧，我要代表肚子消灭你们。"

我一想到吃，就会想到她。她就是最呆萌的吃货。

"榴 莲"

孙家正

此"榴莲"非彼榴莲，此物，非水果也。

他，有一头乌黑的刺猬头，方头大耳，好似一尊弥勒佛，嘴唇略向上翘，身体在不断发胖，横向发展着。你们猜猜他是谁？

至于他的绰号，一般都是根据他的名字的谐音来演变出来的。例如：榴莲、流连忘返、牛肉干……说实在，他的确是一头牛，一头充满着稚气、冒着傻气但反应灵敏的牛，他可荣获过"牛人"称号哩！

一天早晨，他急匆匆地直奔教室，可那时上课铃早已敲响，于是老师质问道："你为什么这么晚才到？你家离学校这么近。"他慌忙解释道："昨天写作业写得太晚，所以今天……"老师便让他回到位置上开始读书。看着他那焦虑的样子，众人哈哈大笑，他侧过脸来，冲他们大骂一声，又扭过头懊恼去了。一位同学惊奇地发现并说道："看，那家伙的裤子穿反了。""咦，真的呀！"另一位同学说道。就这样，不到一节早自习的时间，这事已传遍全班，到了人尽皆知的地步。下课铃声响起。一群同学早已按捺不住，都要睁大眼睛瞅瞅，冲过去就将他团团围住。顿时全场热议，好似《口技》中杂乱的声音。这可就将他激怒了，不时向同学们发出吼叫声，以吓唬众人，还做出牛蹬腿的姿势，追着同学乱跑。"班主任来了。"一人喊道，众人皆散开，不知什么时候，他偷偷溜去洗手间将裤子换了过来，又偷偷潜回教室。就这样神不知鬼不觉地换完了裤子。

为了体育课上跳绳能过关，我们都开始了辛苦的训练，训练成效各不相同，曾经跳绳一分钟失误六十次的"榴莲"已不复存在，而现在他可以突破一分钟一百个，打破了"天生不是个跳绳的料"的诅咒，他自己已经可以应付老师的测试了。可你知道他又做什么缺德事吗？他趁我们正在练习跳绳时来上"九阴白骨爪"，打扰你的训练计划，然后冲你示威。待我们捉住他时，他又开始求饶，唉，对他无语。

一次语文课上，语文老师为活跃一下气氛，也为了缓解我们的压力，于是开展了"疯狂猜歌"活动。语文老师自信满满地说："我估计没有人知道这首歌的名称，若有人猜中，我将送给他一部手机。"歌声响起，听着有点儿熟悉，然而又有一点儿陌生，全班陷入热议当中。突然，"榴莲"趾高气昂地说出了正确答案。老师惊奇地笑道："呀，你怎么知道的？"全班以热烈的掌声来表扬他，老师却调侃道："我送你一个玩具手机。"全班捧腹大笑。顿时，他白高兴一场，他感觉整个人都变得不好了，竟被这样戏弄。

这就是他，一个独具特色的他，一个趣味百生的他，一个与众不同的他，牛人就是"牛人"，这就是我的好兄弟，刘凌寒。

我的"自恋狂"同桌

孙　彤

　　他是我们班的体育委员，很苗条，有细长的腿和令人羡慕的酒窝，远远望去，还觉得他有几分"姿色"。这也成了他自恋的资本。

　　"小Q，你怎么了，昨天上网了吧？好深的一层黑眼圈！"我好奇地问道。

　　"没有，怎么可能，我可是美男子。班主任这么厉害，我怎么敢上网。喏，你看我的发型就知道了。"他自恋地说。

　　"你啥时候剪了个'汉奸头'！你的发型和你的风格格格不入。"我笑眯眯地说道。

　　"唉，看我这么帅，结果被'汉奸头'毁了我的一世英名。不是我吹牛，我那天和小S在一楼打羽毛球，楼上竟然有五十多个女生都在看我，弄得小S'压力山大'。"他神气地说。

　　我听完后，立刻对他做了一个鄙视的手势然后自己写作业去了。

　　自习课上，正用玻璃窗当镜子照的小Q突然对我说："你看我的头发都弯了。不行！让人看到我的头发，有辱我的美名。"

于是他就向人借水，然后滴了几滴在头发上，再用手把它拉直，又对我说："怎么样，我的帅依然如初吧。"我看到他的神情，真想把鸡蛋往他脸上砸。我没理他。他便又转过去欣赏自己的"花容月貌"。

他每每看到我，就会"厚颜无耻"地炫耀："你不信，去五年级喊一下我的名字，至少有二十个女生都会疯狂，你就会知道什么叫作'魅力'！"说完对我一笑，然后就出去了。

我真的是受不了他了，他的自恋已经达到了人类的"极限"。有时我也打击他，可是他一如既往，我便随他去了。

这就是我的"自恋狂"同桌，也是唯一一个整天用窗户玻璃代替镜子的同桌。

棒棒糖的小幸福

周焕念

棒棒糖，酸酸的，甜甜的。舔一舔，然后把它含在嘴里，那种慢慢融化的感觉，真是美妙无比。

儿时的我，总喜欢让母亲给我买一大堆的棒棒糖，舌头绕着它打转，真是有趣！当我孤单时、伤心时、难过时它出现了。它把我忧伤的心情赶走，又把开心和快乐给了我；当它看到我笑了，又悄然离去……

那时，童年的味道很单纯，很美好，就像那棒棒糖一样——又酸又甜，让天真活泼的我过得无忧无虑，快快乐乐。它的味道，就这样在我心中扎了根，让我无法忘怀。

日子一天天过去，我也长大了。这时，含着棒棒糖的我突然听到了一句话："你可真小，几岁了？"这句话简短明了，但淡然中带有嘲笑。瞬间，我的心仿佛坠落到了无底深渊，四周奚落的语言犹如一支支利箭穿透了我那颗天真、美好的心，留下了零碎的童年记忆和那残缺的自尊。

这件事让我感到吃棒棒糖好像很丢脸。为了面子，为了不在别人面前显得幼稚，我学会了伪装，我再也不吃棒棒糖了。但它——棒棒糖的味道，却从不曾淡出我的生活。

迷茫无知的我，像迷失方向的鸟儿一样，不知所措。六年级，繁重的学业让我感到学习的重担随之而来，心中的压力也越来越大。一向贪玩的我经不起这般压力，学习成绩一落千丈。老师让我请家长，我的心像灌满了冷水，这是我学习生涯中第一次尝到请家长的滋味。也因为如此，父母的唠叨也整天萦绕在耳边。

我受到一个接一个沉重的打击，一个人在黑暗的角落里，孤单着，无奈着，痛苦着。我在房间冰冷的一角喃喃自语："要是给我一颗棒棒糖，心情也许就会变好了。"

于是，我抹去了我的虚伪，大胆地买回我童年的味道，任那久违的酸甜在口中弥漫。

我不再怕别人那怪异的目光和刻薄的语言，因为我坚信，我还保留着一颗同龄人早已失去的童心。

有你真好！

给自己的一封信

曾可佳

亲爱的自己：

你好！

你一定想知道我为何写这封信吧？作为最了解你的人，我知道，你有些不为人知的烦恼。虽然你装作不在意，但你骗得了其他人，却骗不了我，不然，你为什么会闷闷不乐？为什么会暗自伤神呢？

从小，因你脸上的胎记，你就变得有些与众不同。小时候的你，并不懂美与丑，所以对这胎记并不在意。长大后，你渐渐地懂了。你也曾独自流泪，也曾想：为什么这世界这么不公平？为什么偏偏是我这样？这胎记为什么不偏不倚地长在脸上，这最显眼的地方？虽然你现在还是装作不在意，但你真的不在意吗？我想告诉你：这世间本就没有绝对的公平。我还想告诉你一个故事：世间所有的人，都是被上帝咬过的苹果。越是甘甜、芬芳的苹果，上帝就咬得越多，你的胎记便足以证明你的芬芳。每个人都需要一个聊以自慰的借口，而你又怎能不需要呢？我知道，这样类似的故事，你也不是没听过。就像七年级时，语文老师讲过的：胎记是前世爱你的人流下的眼泪，但你真的听进去了吗？

也许这些还不能改变你的想法，但那些身残志坚的伟人通往成功的故事，你不可能没听过吧？

贝多芬在他耳聋之后，并没有放弃对艺术的追求，而是朝着目标努力前进，最终到达了光辉的顶点。连残疾人都能通过努力取得成功，而你只有一个胎记而已，又有什么理由自暴自弃呢？

说了这么多，作为一个最了解你的人，我只是希望你别为此而烦恼。要知道，人的美丑并不取决于外貌，而是取决于心灵。希望你不要被烦恼遮住了眼睛，要相信，外面的风景更美丽；希望你不要被烦恼阻碍了前进的脚步，要相信，前方的世界更精彩；希望你不要因烦恼迷失了方向，要相信，梦想的彼岸更幸福。

最后希望你能早日解开心结。

此致

敬礼

最了解你的我

我和明天有个约定

祁　晗

那些女孩儿教会我成长，那些男孩儿教会我爱。

——题记

　　天空是格外的蓝，像不经意打翻了颜料瓶，渲染开的，是千丝万缕的蓝。天空下面，有一个孤独的人，她与明天的自己有个约定。

　　记得小时候，我总喜欢梳一左一右的两个小辫子，穿着粉红色的公主裙，还一定要搭配灰姑娘的水晶鞋，连做游戏都要美美的。每次和小伙伴们一起玩捉迷藏，我总是第一个被找到，然后就嘟起嘴，叉着腰，跺着脚说："怎么每次都找到我，是不是偷看了？"她一脸委屈地说道："谁叫你这么傻，躲在这么显眼的地方，连你的公主裙也背叛你啦！"我摸摸自己的后脑勺，然后一起傻傻地笑了起来。

　　上学之后，我们上学放学都要一起走，你牵着我的手，我牵着她的手，蹦蹦跳跳说说笑笑。时不时看见有卖零食的地方，我拉着你，你拉着她，一起飞奔去买，明明都是吃货，却还总嘲笑你吃得更多。我们在一起迎着清晨的第一缕阳光，踩着傍晚最后的一缕夕阳，走过了多少岁月。

现在的我，已经不再向往公主裙、水晶鞋，而是一头高高的马尾，干净的衬衫，洗得发白的牛仔裤，白色的帆布鞋。我再也没有小时候的稚嫩，取而代之的是成熟。

身边的朋友啊，渐渐少了，一个个都像路人般离开了，只有那个她，最好最重要的她。我知道现在你虽然不能像从前一样和我一起整天打打闹闹，可是我们还是会像曾经一样手牵着手，奔跑在晨曦中，漫步在夕阳里。我们都长大了，经历了许多各自不同的变故，不变的是我们还会在自由自在的空气里打打闹闹，也会在阳光灿烂的日子里开怀大笑，我们兜兜转转，回到了原来的日子。

我们呀，也曾经一起约定，和你去加拿大，陪你去见你最想见到的那个他。世界这么小，人生这么短，你想要踏上的旅途我都陪你，你说黑夜太长，我便陪你日夜颠倒。我们也曾一起畅谈梦想，有时说着说着就笑了，笑你做的梦真大；想着想着又哭了，哭你心底的忧伤。

或许啊，多年以后，我们会手牵着手站在加拿大的某个街头，但也有可能是我独自在他的演唱会上想起她，她在哪里呀，过得好吗？再想起曾经我说与她一起去加拿大的约定，是否会感觉世事无常。

如今呀，正值小学最后一年的我们，已经在一起度过了六年的时光。到了今年的六月，栀子花初开放时，我们就面临分别，我们会不会分开，只取决于命运的一念之差。她告诉我说，要快乐，即使不在一起，也要把每一个明天攒起来，等再遇见她时，我们再一起矫情。

　　看啊，天空下面的人，不再孤独，有个人与她约定会一直陪着她。她也与明天的自己有个约定，会把所有的小情绪攒起来，做一个充满正能量的自己。

精 彩 背 后

郭卓晗

"舞"是一个神秘的字，更是一门艺术。它可以净化人的心境，陶冶人的情操，可谁又知道要舞出精彩，背后要付出多少辛苦，遭遇多少挫折呀！

每当看到一些舞蹈演员在舞台上精彩地演出时，我总会跟着手舞足蹈，真想成为其中的一员呀！当我把想学舞蹈的想法告诉爸妈时，爸爸认为跳舞没什么用，可妈妈全力支持我，她认为我有艺术天分。有了妈妈做我坚实的后盾，我顺利地在晶凯舞蹈学校报了名。

在学习民族舞的期间，我这个小女孩儿柔弱的身体成了基本功老师手中的一块生面团，翻过来，揉过去，立起来，横过去，抻、拉、压、拽……一节课下来，腰酸背痛，整个人像被掏空了一样。我想上台展示自己梦想的心思，一下子烟消云散，甚至有了退学的想法。可妈妈说："每个人都有自己的梦想。只有坚持，才能离梦想更近！你那么喜欢跳舞，遇到点儿困难，就这样轻易地放弃吗？要知道吃得苦中苦，方为人上人啊！"听了妈妈语重心长的话，我感到很惭愧。从那开始，我下定决心一定要坚持下去。以后的日子里，无论严寒还是酷暑，我都没旷过一次课。

记得那是一个北风吹雁雪纷纷的中午，爸爸妈妈都出去办事了。眼看舞蹈课的时间快到了，我想独自去，可爷爷担心我的安全，不让我去。因为从我们家到城里，坐车还得花半个小时，下车后还要过几条马路。爷爷态度很坚决，眼看上课时间快到了，我急得像热锅上的蚂蚁。此时，唯一的办法，就是立刻出发！嗯，就这么办！于是，我在柜子里拿了几块零钱，背起书包，对爷爷说了声再见，转身出去了。爷爷看着我心意已定，没办法，只好追上我。

一转眼，我学习舞蹈已经五年了。在我的努力下，我的舞姿和基本功都有了很大的进步。今年暑假的汇报演出中，我很荣幸地成了群舞《摇到外婆桥》中的主角。在台上，我艳丽的服装，优美的舞姿，赢得了台下观众雷鸣般的掌声，此时的我心里比喝了蜜还甜。

舞蹈给了我自信。在学舞蹈的过程中，我经历过无数次的挫折和失败，它可以让我在通往成功的路上走得更坚实，也可以让我的人生变得更加丰富多彩！

精彩的辩论会

罗思敏

　　辩论会开始了，我们许老师先开了个响炮："辩论会现在开始！""哇！"我们欢呼起来，然后，我们分成了正方和反方。正方的观点是人要讲诚信，反方的观点是生活中有时需要善意的谎言。在我们精心挑选下，推选出了正反方的辩论手代表。

　　不等老师开头，正方一辩郭尊立就站了起来，大声而自信地说："我方认为要讲诚信，因为诚实守信是中华民族的传统美德。"话音刚落，正方的人就一个劲儿地点头。"我认为生活中可以有善意的谎言。'善意'反映的是一种善良，是为别人着想。"我站了出来反对了他的说法。

　　"我反对！"只见正方二辩怒气冲冲，神情激动，手往桌上一拍，"就比如说，我妈妈让我拖地，我只是随便拖了拖，妈妈竟说很干净，以后，我就拖得越来越马虎。"我们愣了一会儿，刚准备鼓掌。"嗖"的一下，吴晶就站了起来，有力地反驳了正方二辩，"我不同意曾泽宇的说法，我们反方说的'善意的谎言'是有限制，要看是什么时候说。"

　　顿时，鸦雀无声，看看正方的神情，眉头紧皱，嘴唇紧闭，好像在商量对策，我得意极了，因为我们反方正占上风。

"我不同意！"有人反对了，是正方的彭渤，我的心一下从山顶跌到山谷，正方则是满眼期待。"俗话说，骄傲使人落后，过分的骄傲，只会让自己失败。"

"我同意彭渤的说法，只要是谎言就有欺骗性。"正方的周鑫也不甘落后。

我的心像小鹿乱撞一样，一会儿紧张，一会儿担心没人站起来，慌忙之下，竟自己站了起来，理直气壮地说："善意的谎言可贵之处就是'善意'二字，不知道你们听说过没，一个妈妈买了三个又大又甜的橘子给孩子们吃，自己却骗孩子们说自己吃过了。孩子们才肯吃，难道她也是骗子吗？"

"我为罗思敏补充，我也听说过一个故事，一个老太太生了很严重的病，只有百分之一的康复概率，她的家人如实告诉了她，老太太就觉得自己没希望了。如果告诉她，只生了一些小病，好好调养就行，她还会觉得自己有希望。"我们反方的实力干将不停地说道，我们向她投出了羡慕的目光。

最后，大家你不让我，我不让你，针锋相对，往日的朋友成了今日的对手，争先恐后地举手发言，想为正方或反方出一份力。这真是一场精彩的辩论会，大家都意犹未尽，同学们真希望以后会开展更多这样的活动。

去 年 的 歌

刘名洋

　　小青蛙和小鱼是一对好朋友，他们整天在一起快乐地游戏。小青蛙在荷叶间跳来跳去，小鱼就在水草间穿梭游弋。阳光下，暖风中，他们生活得是那样的无忧无虑。有一天，小青蛙唱了一首非常好听的歌，歌声是那么悠扬动听，小鱼听得如痴如醉……

　　快乐的时光总是短暂的，一阵凉风吹起，秋天来了。"小青蛙，你上次唱的歌真好听，你能再唱一遍给我听吗？"小鱼说。"好啊。"小青蛙爽快地答应，"可是秋天来了，我要去挖个洞，准备过冬了。等到明年春天我再唱给你听吧！""那好吧。"小鱼听了欢快地游走了。

　　一转眼就到了第二年的春天，小青蛙从睡梦中醒来，他做的第一件事就是去找他的好朋友小鱼，可是找来找去怎么也找不到。于是他去问荷叶："荷叶，荷叶，你看到我的好朋友小鱼了吗？""小鱼好像被渔夫抓走了。"荷叶告诉他。小青蛙急急忙忙赶到渔夫家问渔夫："渔夫，渔夫，是你抓走了我的好朋友小鱼吗，他现在在哪呢？""小鱼嘛，我已经卖给一家餐厅了。"渔夫说。小青蛙又火急火燎地赶到那家餐厅问老板："经理经理，我的好朋友小鱼在你这里，他现在怎么样了？""小鱼？他已经被我做成了一道菜给客人吃了，喏！吃剩的鱼骨头就在墙角。"经理说。

小青蛙默默地来到墙角，看着好朋友的一堆白骨，他伤心极了。小青蛙流着泪，唱起了去年的那首歌……

乡　间

黄泽典

　　倾听，那婉转动听的鸟鸣；缠绵，那流动不息的河水；遥望，那乡间的回忆……

——题记

　　一个秋天的午后，怀着满怀的好心情，我漫步在乡间的小路上，来到这片土地，空气中混合着的泥土气息，便让久居城市的我忍不住深深呼吸："这才是空气的味道！"不远处，一排排青瓦房错落有致。房檐下垂着一条条丝瓜藤，紫盈盈的茄子害羞地躺在叶子下。葡萄顺着支架向上爬，爬到了电线杆上，像给它穿了一件美丽的花裙子。屋后种了一株株艳丽的植物：秋葵、马鞭草、菖蒲……不同的植株，不同的花色，高高矮矮、层层叠叠、闪烁着竞相开放。雄赳赳、气昂昂的公鸡像一个阅兵的将军一样大步走着，偶尔也低下头去啄几粒米。乡间的小院纯朴而自然。

　　转个弯便来到山坡上，向远处望去，整个山野尽收眼底，麦田黄澄澄一片，像人工织成的精美的地毯。秋风拂过，麦田像一片金色的海洋掀起了千层万层的波浪，一波一波，多美啊！那一

141

棵棵杨树更是美丽动人，叶片黄得那么耀眼，红得那么热情。在阳光下像金色的旗帜一般招展，又像熊熊火焰一般燃烧。秋风扫过，树叶纷纷落下，有的像蝴蝶一般翩翩起舞，有的像黄莺一样展翅飞翔，有的像舞蹈演员那样轻盈地旋转，还有的精灵似的被秋风在空中扭着卷着，不肯落下，好久好久，它终于落在了小水洼中，荡起圈圈涟漪……乡间的山野美丽而温馨。

乌云慢慢盖了过来，天色渐暗，我急忙跑到亭子里坐下。不久，淅淅沥沥的小雨唱起歌来。看，小雨点细细的，如烟，如丝，如雾。此时的万物像蒙上了一层淡淡的轻纱，时隐时现，好似一幅淡雅的水墨画。那薄雾在村子上方一团一团地溢出，缓缓流动，散成一片轻柔薄纱，和着袅袅的炊烟，飘飘忽忽地笼罩了整个乡村……乡间的雨悠远而恬静。

雨停了，山野里传出几声犬吠，云岭上掠过一群归鸟，空气中飘着桂花迷人的香味。偶尔听到一串水珠从河边的芦苇叶上滑落到水中发出清纯到极致的声音，很像一串散线的珠子或是一串音符。这些，都让秋日的黄昏格外清新，这种乡秋雨后的景色仿佛让人醉于连绵不断的画卷中。

地球上的最后一天

奔跑吧，藏獒

彭　硕

"今天这个晚上，我非常迫切地想独处一会儿。"我看了看在床上睡得正熟的小主人，转头对着华丽笼子里的鹦鹉说。

"嗯，我知道了，今天在电视上看到了飞驰的藏獒吧。"他一语道破了我的心思。

对，没错！我今天看到了正在奔跑的藏獒。那健壮有力的四肢，英姿飒爽的身影与那一起一伏有规律的动作深深地刻在了我的心底，勾起了藏匿在我心中的奔跑的欲望。

因为，我也是一只藏獒。

但自从出生起，我就被送到了这里，从没见过我的母亲与兄弟。在这个地方，好像每一秒都过得很快乐，又好像总是缺少了一点儿什么。

可今天，看到那些奔跑得那么快乐的藏獒之后，我想，我们拥有的快乐究竟是些什么呢？是每次受伤后主人悉心的照料和伤口上昂贵的药？是每次吃饭时总是比别人高很多个档次的狗粮？或是我总是拥有别人一辈子都不能拥有的东西？不不，这不快乐。

那些英勇的藏獒，他们有着蓬松而又自然的毛发，有着炯炯有神的眼睛，有着强壮的肌骨。但我的毛发却一次又一次被修剪，总耷拉着脑袋活得没有丝毫追求，肚子上还有垂下来的肉。不不，我不要这样的生活。

我看到那一群群奔跑的藏獒，可那时，我只能在主人怀中挣扎，尽管我眼里泪水已要浸出，但他听不懂我的话。

"我不想再活在主人的庇护下了，我不想每时每刻都被照料，我想我是一只真正的藏獒，不需要人类的时时溺爱。今天这个晚上，我非常迫切地想独处一会儿，然后非常畅快地奔跑。我想那个时候，我才能感受到我是一只藏獒。"我已压抑不住心中的热血澎湃，对金丝笼的鹦鹉兄说。

还没等他反应过来，我早已转身冲出门去。"我要奔跑！我要奔跑！"这声音不断在我心中回放，嗯，我不需要溺爱！

我模仿着电视中的那些藏獒，一起一伏，一起一伏。我在奔跑啊！

"嘿，爸爸，那藏獒真漂亮！"身前的一辆小车里传来小孩子稚嫩的声音，我加快了脚步，奔跑到他们前面去。

好像出生以来从没有过这种愉快。

也不知道我奔跑了多久，只知道，我只身奔跑，我也是一只真正的藏獒。

就　诊

涂　依

　　"坐下。"随着一声呵斥，我乖乖地坐下了。当班的医生已经不是很年轻了。她一边用双手飞快地打着键盘，一边翻起眼皮看了看我。

　　"怎么了？"

　　听到这话我就把我的右手拿出来给她看。

　　我慢慢地解释道："下午在学校下楼的时候摔了一跤。"

　　"怎么现在才来？"

　　"学校离这很远，来不了。"

　　"拖这么久，有个什么事，是不是好赖上我们？"

　　她腾出一只手，把我那只肿得像包子的手搬弄了几下，轻描淡写地说："没什么事，过几天就可以好的。"我望了望那只包子手，心里怀疑她说的话，可她毕竟是医生，我也不好说什么。

　　"医生，你能不能给我开一张病假单，这样就不用上体育课了。"

　　"什么？你叫我开单子是为不上体育课？现在的学生怎么都这样！"她用鄙视的眼神看着我。

"医生，你看我的手都成了这样了，您就开一张吧，求求您了。"我几乎用哭的语气说。

医生用她腾出的那只手，从抽屉里拿出一大摞诊断书，不耐烦地说："姓名，年龄，工作单位。"

"嗯，我的右手摔了，不能写字。"

医生更不耐烦地说："叫什么？"

"刘欣。"

她一怔，不敢相信地说："刘星？你就是刘星？你怎么不早说呀！快把你的手拿上来给我看一下。你呀，一个丫头这么调皮，快让阿姨给你上点儿药！"面对突如其来的关心，让我感到受宠若惊。

过了一小会儿，我的右手就成了重点保护对象，被包扎得肥肥的。我也得到了一些止痛药之类的药。

"回家让妈妈做好吃的给你吃，注意别碰那只手，这是医药费五元。"五元？我心里还在感到奇怪。

"有空到阿姨家玩，我和你妈妈是好朋友。"

"我，我妈的好朋友？"

"对呀！我和你妈妈可是生死之交。"说完，她就在不用上体育课的单子上写"刘星"的名字。

"阿姨，我的名字叫刘欣，是'欣然'的'欣'，不是'星星'的'星'。"

"什么？你不是刘星？你妈妈不是我的好朋友？"

"不是，我妈从来没有说过她还有生死之交。"

"你走吧！回来！刚刚给你开的药单开错了，是五十五元，你再补五十元！"

当"官"的烦恼

孙佳玲

我走出房间，仰天长叹一声："唉，这辞不掉的'官'！"

我以前很想"当官"，当一个称职的官。可就因为我在班上是一个最矮的"小不点儿"，所以每次选班干部的时候我都未能如愿以偿。妈妈为了安慰我，让我过过"官瘾"，便提议在家里封"官"。妈妈的建议立即得到了全家人的同意。我们先投票选举爸爸当家长，接着由家长封"官"。第一个受封的是妈妈，她被封为炊事班长，第二个受封的是妹妹，她被封为扫地组长，而我呢，被封为洗碗组长。

受"封"后，我便开始了工作。一日三餐用过的饭碗，无论多少都由我来将它们洗好，放好。三年来，我一天比一天厌烦我的"官职"。今天下午放学，我一打开门，只见又一堆碗碟躺在盆子里等着我这个"洗碗组长"去给它们洗澡呢。我看了，心里有一种说不出的滋味，便伏在桌子上写了一封"辞职报告"。内容如下：

尊敬的家长：

　　我不想当这个"洗碗组长"了，这个工作太麻烦了。一日三餐不能停，油污又多。"当官难，难当官"，我这个"无品芝麻官"，请求辞职。

　　爸爸一回家，我就满怀希望地把报告递交给他。爸爸最后笑了笑，接过我手中的笔，批了这样几行字："见难就退是懦夫，见事不做是懒汉。此辞职报告不批准。"我看了爸爸的批文，心想，家里所有的事都被爸爸妈妈承担了，我洗几个碗有什么关系呢？于是，我又做了我的"无品芝麻官"。

　　"当官难，难当官。"看来这句话说得真没错。

关于一只苍蝇的对话

刘维熙

本星期日，我和几个小伙伴一起去吃拉面。

拉面端上来了。不好！丁立柯看见自己的拉面里竟出现了一只苍蝇，他脸上带着惊讶又愤怒的表情。

"来，我们想想看，这只可怜的苍蝇死之前会说些什么呢？"我忽然提议到。

孙宇恒同学首先声情并茂地说："我觉得它会说：'轻轻的我走了，正如我轻轻的来，我挥一挥衣袖，不带走一片云彩！'"

"嗯，好，好，道出了这只苍蝇死前的凄凉！"我不假思索地大声评价。

"下面，由我来吧，我觉得它会说：'苍蝇万岁！'这是苍蝇坚强不屈的声音。这声音惊天动地，气壮山河！怎么样？"丁立柯也不甘示弱。

"嗯。还行！只是把这样的豪言壮语用到一只小小苍蝇上面，未免太小题大做了吧！"

只见丁立柯立马柳眉倒竖，吼道："那你孙宇恒也不一样地把徐志摩的《再别康桥》用在了一只苍蝇上！"

我想，诗人徐志摩听了我们的歪诗后，非气得脸红脖子粗不可。

"我觉得呀，它会说：'粉身碎骨全不怕，要留清白在人间。'可惜啊，一失足成千古恨，本想流芳百世，不曾想遗臭万年！可惜啊可惜！"孙腾做出感慨万千的样子。孙宇恒呢，在一旁配合孙腾的演说，也深深地低下了头，一副沉痛的样子。

"我感觉它不一定是自杀，而是跳水。"平时不爱开玩笑的涂铭这时也开口了，"动作是这样的，它站立在三厘米高的跳台上，先一个360度空翻，再入水。唉，水花太大，难度系数5.0，最后得分0.5分！"

"哈哈——"快乐的笑声回荡在面馆里。

"不好了，只有五分钟了。快，吃面！"不知谁喊了一声，我们立马闭嘴，埋头吃起面来……

让我停止哭泣

熊怡婷

我是水池边的一个水龙头。

在黑暗中哭泣了一整夜的我，终于见到了天边的那一轮晨阳，它投下一抹一抹的光辉，映射出无与伦比的美丽，我感受到了希望。

一位资深的医生告诉我，我得了一种很奇怪的病，病症就是一直哭个不停。近年来，这种病在我们水龙头家族中已不再罕见了，唯一的救命稻草就是人类。人类是多么强大呀，只需动一动手指头就可让我恢复健康。

平时我跟人类的关系很不错，他们一定会帮助我的，我期待着。

"哎，那里不是有个人么？"我欢呼雀跃着。

为了让他发现我，我努力涌出更多的泪水。

可是，他始终都没有回过头来看我一眼，我失望了。

越来越多的人从我身边经过，却不曾理睬过我……

我呆呆地望着那些人们，心里很难受。为什么没有人愿意理我呢？为什么没有人笑着走过来，伸出那只善良的手？为什么他们对我的泪水视而不见？为什么呀？……我到底做错了什么？

我思索着。

想了许久，我还是没有想到自己有何过错，我可是人类的功臣啊！这么多年来，我冒着风雨酷寒，终年为人类效力，帮他们洗去身上的灰尘，鞋底的泥渍，衣物上的污迹……我尽力想洗去一切肮脏的东西！为了做到这一点，我耗尽了我的青春，而我却依旧感到幸福无比。即使我现在身染重病，我也从未有过一句怨言，我没有后悔过，也认定了我不会后悔，可是……

太阳正一点儿一点儿往上爬，走过的人愈来愈多。

水池边有不少人，可他们伸出来的手却不是为了我，而是为了拧开我另一个伙伴。

希望破灭了，恐怕我这个"病"是治不好的了。

听着自己的哭声，我狠下心来决定，要给人类一点儿颜色瞧瞧。再这样下去，待到我所有的兄弟姐妹都患上此病后，我们也就哭都哭不出来了。该哭的是人类，等着吧！

我很"宅"

余梦宇

在同学们的眼中，我是一个活泼，开朗同时又带一点儿小脾气的女孩儿。但这只是表面，实际上我很宅。

那天下午，阳光明媚，我特别高兴，因为下节课是我比较喜欢的思品课。"叮——"上课铃声一响，同学们迅速地向教室跑来，那场面真是可以用"壮观"来形容了。开始上课了，快结束的时候，老师问了我们一个问题说："如果你们和父母一起出去郊游，你们是开心还是有其他的想法呢？有其他想法的请举手。"我不假思索便举起了手，小声地嘀咕道："肯定会有一些不高兴啊。"我再抬头一看，全班只有四个人举起了手，这时，老师让我们举手的人回答理由，我被点起来了，我说了一句："浪费体力。"接着全班哄堂大笑，而老师用一种非常惊诧的眼神看着我，弄得我特别尴尬。我不懂他们在笑什么，笑我的回答吗？我认为这回答十分正常啊。接着老师让我坐下，下课铃声响了，一堂课就结束了。

我为了弄清楚心中的疑惑，便问了我的好朋友，她告诉我，因为我的回答让老师和同学们觉得我很宅，很懒，完全出乎他们的意料，所以才会这样的。哦，原来是这样啊。

平时，我在家里，将门一反锁，一个人待在屋子里一整天不说话，只做自己的事我也很开心。收拾一下房间，看会儿电视，睡会儿觉或者看看书，我都觉得很惬意，除了一些必要的事，我一般是不出房门的。有时候，我真的很希望时间就停在那儿，让我一直惬意下去，但这是不可能的。这些事和我的想法让别人知道以后，都说我很宅。

虽然我很宅，但是在家以外，在没有亲人的地方，我依然活泼开朗。而且这种"宅"我觉得还挺好的，让我有时间看书，有时间写作业，有时间去做一些有意义的事，以后，说不定还会让我变成淑女呢！

距　离

叶婉蝶

近来，瓶子有点儿孤单，有点儿小慌张。整天只会把时间花在手机上，从来都不会回头看看，那些她希望的青春，那些她盼望的友谊，其实只是一个转身而已，幸福其实那么近又那么远。

图书馆里，三三两两的女孩子手捧饮料围坐在一起，美美地谈论着自己的心事。八卦的江小舟总是含口饮料口齿不清地嘟嘟囔囔，从嘴角溢出的饮料差点儿滴在那些精美的图案上面。

江小舟又用力吸了口饮料，咽下去："嗯哼，猜我今天看见什么了？"

"我猜八成又是那些小猫小狗的感人故事。"格子故意把"感人"提高了几个分贝。

"喂！那边的女生，安静点儿，这里是图书馆，不是菜市场，不是你们大声嚷嚷的地方，你们不看书还有别人想看。"图书馆管书的阿姨不满地盯住那里围成一圈的女生，推推眼镜，严厉地咳嗽了两声。

"嗯嗯，对不起。"格子压低身子，把脸埋在书堆里。江小舟撇撇嘴："不就是大了那么一点点，至于吗？"说完还用胖乎乎的大拇指和小指比了那么一点点的距离，朝着图书馆阿姨的背影狂吐舌头。旁边瓶子的手机一直响着，在这样的气氛里显得格外的刺耳。

"喂，瓶子，你都无视我们的存在吗？"格子嘟着嘴，有些不满。瓶子没有出声，眼睛还是盯着手机屏幕。

江小舟有些气愤："你都没听到吗？"江小舟忍不住推了一把瓶子。"咚"的一声，手机从瓶子纤长的手指中滑了出去，摔了个四分五裂，连同那颗玻璃质的心，支离破碎。

瓶子慢慢蹲下去，一片一片地拾，放回兜里，然后躲进了一层又一层的图书架后，装作很平静地低着头找书。

"看我不整她！"格子气呼呼地拿着瓶子的饮料剧烈的摇晃，然后又若无其事地放回了原处。

"你这样做有意思吗？"江小舟拿过饮料，把自己的那瓶换给了瓶子，格子低头不语。

瓶子选好书，挪开凳子坐了下来，低着头不知道说什么，无精打彩得趴在桌上，又拧开了瓶盖，看了眼格子红红的脸，仰起头喝了一大口。

之后瓶子又换了个手机，又如同以前一样低着头在校园里穿梭。偶尔遇见江小舟，她似乎想说什么，但瓶子只是匆匆一瞥，便又低着头往前走。校园里的树已经很茂盛，树叶的阴影被明亮的阳光分割成很多不规则的小点，投射在树下的江小舟身上。瓶子路过的那一刻，她想把手机扔了，但似乎不想动。太阳还是毒辣的灼烤着大地，一直走的瓶子却怎么也没有回头看一眼站在她身后的江小舟……

其实，那些所谓的幸福，一直都在。但是那年的夏天，瓶子的手机却怎么也拍不出那样幸福的照片。

我 是 手 机

祁志国

我是猎人公司最新研发出的一部具有超能力的智能S级猎人手机。我叫承诺，能打电话，能听音乐，能查资料，能卫星定位……功能多得我都有点儿崇拜自己了。

今天一大早一位顾客买了我，我为他能拥有我而高兴。他很开心地打开了包装盒后，竟然不顾我身体的感受直接在我身上使劲儿地摁了一下，我嘟囔着对他说："主人，我在睡觉呢，干吗这么早打开我呀？"

他一下子吓傻了，慌忙把我丢在了一边。他想跑，我连忙说："主人，不要害怕，我是猎人公司的超级手机'老板'，我是手机中的老大，您现在已经是我的主人了。"

主人听了我的话有些动容，见此情景我趁势加油："我很厉害的，您舍得抛弃我吗？"

主人经不住我的一番攻势，问道："你真有这么厉害？"

"不是我吹，我那是相当厉害呀！"

"那你一定要听从我的，不需要我动手。"

"哪还需要您动手啊，直接声控就可以了。"

主人听后终于开始了我的使用生涯。主人下达了第一道命令："开启无线模式。"

"好的，主人。正在搜索目标，目标已找到，需密码破解，请下载万能钥匙。"

主人再次发出命令："寻找万能钥匙并下载。"

我开始寻找并完成了下载，安装了万能钥匙，攻破了无线网站。

这时主人满是兴致地说："我要听歌。"于是我进入了音乐，在摇滚、欢乐、清新等系列歌曲里进行一番精心挑选，随后一首首优美动听的歌曲进入主人耳中。主人十分开心并称赞了我，我也十分开心。可发觉身体有些不对劲，再看看电池，原来我已消耗了百分之二十的电量。

没等我缓过气来，主人又说："我不听歌了，我想看电影，放松一下，寻找几部热门电影吧。"

我又开始了忙碌，寻找到许多优秀的电影作品……我将它们呈现在主人面前，说："这几部，主人想看哪一部啊？"

主人笑了笑选择了一个说："这个比较好看，就这个吧！"

我于是点播了它。主人看完了很是开心，夸了我："看的真是过瘾！播放真流畅啊！"主人的声音很响亮，可我的胃却感觉有些空空的，原来这次播放消耗了我百分之三十的电量。

主人又发话了："我想玩一下游戏，开拓一下思维，动一下手。"

我再次忙碌起来，寻找了几个游戏……主人做出选择："我喜欢格斗过关的，它挺刺激，就这个吧。"

没想到主人玩性大发，不顾我的死活。我的身体已经十分烫了，主人。这时已消耗我百分之四十的电量，我已精疲力竭了。

地球上的最后一天

　　没想到贪玩的主人又发话了，我都有点儿欲哭无泪，他还真是没完没了。这时我用虚弱的声音说道："快进入省电模式，我快不行了，请给我充电。"

　　主人却小声附在我耳边说："没关系，一会儿就好，我还想看小说。"

　　我十分鄙夷地回答说："主人你真是好兴致！我都快不行了，您这是要我死啊。"

　　但是我还是听了他的，我寻找了几部好看的小说，主人更开心了，我却惊慌说："主人，我要挂掉了，快充电啊。"

　　主人却不顾说："等一下嘛。"

　　刚进百分之一时，我就说了一声："主人……我要……走了……拜……"然后屏一黑，我停止了工作。我内心暗喜，终于可以好好睡一觉了。

　　这就是人们对我们手机家族的"厚待"。请大家合理使用手机，不要做"低头族"。

地球上的最后一天

周　琴

　　这是地球上的最后一天，我在刺鼻的臭气中醒来，神志不清，周围并不是温暖的床，而是冰冷的仓库。

　　世界上的人早已变了模样，像一个个冷酷的机器，满身鲜血的与敌国战斗，他们被利益控制了心智。有可能也与这污浊的环境有关吧，它总让人丧失理智。河水早已不再清澈，充满了垃圾与人的尸体，腐烂的气味在无尽的蔓延。

　　天灰蒙蒙的，全然不见蓝色，只充斥着黑色，空气也不再透明，而是变为灰色。周围传来人们的声声惨叫，像是走在死亡的边缘。

　　而我孤身一人走出仓库，走向了一条无人的街道，想寻找能填饱肚子的食物。这都是人们不保护环境，乱砍滥伐造成的。破坏生态环境已成为人类的习惯，哎，若是人们早些醒悟那该多好。我顾不了那么多，走向一家废弃的商店，里面的物品本来就寥寥无几，剩下的还被摔得粉碎，可惜啊，往日热闹的街市现在已寂静无比，我想，我可能是这城市里最后的几名幸存者吧！

　　这时，一道黑影从我眼前闪过，我害怕地退到墙角，看见了一只巨大的老鼠正在啃着货架，吱嘎吱嘎的声音在空旷的商场内格外的响亮。那是人类用科技研究出的变大药水，无意间被小老鼠喝了下吧！现在的人类眼中只有利益，早已没有了生命的可贵与世界的安危。我小心翼翼地走出商场，转身进入了海洋公园，里面的海洋生物伤亡惨重。海水被动物的鲜血染成红色，它们没了人的喂养已经开始互相残杀，看到这一幕的我转身哭了，这不正是人类的写照吗？因为资源的缺乏开始攻打他国，因为战争死伤无数。本来争夺资源就是为了人类的存活，现在人死了，要资源还有何用。

紧接着巨大的鱼缸被撞碎，海水向我直冲而来，我向外逃亡。最终，全身湿透的我，换上从商店中拿来的衣裳，继续前行。这时，下起了大雨，可雨水哪里还有从前那般清澈，早已是面目全非，就像汽油一样，颜色黑暗，难闻的气味也迎面袭来，几乎让人窒息。我跑进一家餐馆避雨，幸运的是我找到了吃的。在仓促的吃过东西后，雨也停了，外面的世界黑漆漆的，断了的电线闪着看似美丽的花火。这时空中飞来了一架飞机，投下了一颗颗炮弹，瞬间，轰隆隆的炮响占据了所有角落，我妄想身边的建筑物可以替我挡住这些。可我还是太天真，最终还是在响声中晕倒了。

过了不知多久，我醒来了，周围是熊熊烈火。原来那雨并不是雨，这是要毁城的前奏啊！曾经那片充满欢声笑语的乐土，要在今天毁于一旦了。火烧得越来越大，我的咳嗽声回荡在耳边。眼泪无止境一样顺着脸庞，急促地落在衣服上，落在地面。我眼前的大地在那一刹那间裂了一条巨大的缝，像是要将世界上的一切吞噬，岩浆慢慢地喷出来。我知道世界的最后一天在我眼前上演。这是因为人类的贪婪啊！紧接着我被滚烫的岩浆吞没。

我被惊醒，发现自己一身的冷汗。回想一下这个梦，它告诉我们保护环境多么重要，若是真有那么一天，人类将何去何从；若地球真的消失，宇宙将会多么失色；若噩梦变为实现，那些曾努力保护地球母亲的人，该有多么不甘啊！希望这一天永远不会来临。

太空垃圾奇遇记

吴　慧

2050年，不明物体撞击地球，人类即将灭绝……

这个不明物体即人类命名的X星云，科学家们用量子解析望远镜侦查时，目所能及之处一片漆黑。

科学家小A决定穿着自制的"光年服"去解开X星云之谜。

X星云的运动轨迹无规律，小A想道：这可能根本不是一个重大问题，现今的科学技术已经非常发达了，区区不明物体，不足挂齿。

但X星云的运动轨迹离地球越来越近了。

终于，小A凭借行驶速度以光年计的"光年服"，到达了X星云前，准备开始侦查。

而这时，我们地球所谓的"主人"——人类，却都在休息娱乐，一副"事不关己，高高挂起"的姿态。

小A已经开始侦查X星云了，X星云中侦查出的物质竟是太空垃圾。

这些年来，社会不断发展变化，科学技术水平不断提高，但发展创新必有弊端，其中一个较为突出的问题是：垃圾排放问题。

于是，人们打着不损害后代利益及保护地球环境的旗号，将垃圾向太空中肆意排放。

但，人类终将受到制裁。

一阵白光闪过，小A原地消失。

一团"白光"此时正飘在小A面前，小A四处张望，发现此时此刻的一切十分陌生，不由得产生了惧意，两条腿抖得十分厉害。

此时，"白光"说道："愚蠢的人类，回去告诉你的同类们，我给你们三天时间选择，一是每人折损一半的寿命改善地球环境；二是人类灭亡。"

小A反驳道："你又有什么能力去让我们做选择呢？自以为是。"

"白光"并未回答，小A却感受到了来自四周八方的压力，这些压力持续增加，慢慢地，压力达到了小A的极限。

压力陡然消失，"白光"道："你比我有能力吗？"讽刺之意十分明显。

"白光"说完这句话后，强行将小A送回了地球。小A气极了，无可奈何之下，只有发表信息让人们做出决定。

人们藐视道："喊，我们有先进的科学技术，怕什么？"

三天后，"白光"出现在地球上方，威严的声音响彻地球："你们做好选择了吗？"

人们采用全信息影像投影，将小A的身形虚拟放大，去和"白光"交谈……

小A平静地说道："我们不选择。""白光"无情道："那么，迎接你们的，将是灭亡。"

小A嘲讽道："就凭你？"小A仰天大笑，眼底充满了不屑。

X星云全速向地球冲去，地球上的全球科学家联盟使出了浑身解数，蓝光防御系统，氢核爆弹等科学秘密武器。但当这些战略到达X星云时，却悉数被吸收了。

可笑啊，只有当危险真正来临时，人们才会醒悟。

小A恐慌至极，声音颤抖地说："求求你，放过我们吧。"还配合着有两行清泪流下。

"白光"嘲讽道："现在才知道求饶？但我已经给过你们机会选择，你们却没有珍惜，现在，你们应该受到惩罚。"

终究，人类被毁灭了，但却有无辜的婴儿幸存下来，新的文明正在产生。

人类生前所用的所有资源都被还原，地球的环境恢复如初。

只喊空口号，不做出行动，人类终有一天会灭绝……

最 后 一 天

张 雁

尽管很早以前就有人意识到保护环境的重要性，之后也有人提倡低碳生活，但还是无法制止人心的贪婪对地球母亲疯狂的索要与伤害。终于到了公元2245年8月15日，地球妈妈再也无法支撑她残破的躯体，再也无法哺育人类了。人类文明终止在了这一天。

放眼望去（当然，是在戴好防护面具的前提下），天空由于人类乱排放有害气体早已被染成青灰色，再也不复往日的湛蓝。臭氧层这个"保护伞"也已被捅破的连渣都不剩。强烈的紫外线能把绝大多数生物送上西天。空气中充满了一氧化碳等等危险气体，供万物生存的氧气，它的成分也仅为百分之零点八，还不够一只蜜蜂塞牙缝。

土地由于人类乱砍滥伐以及全球变暖，早已变为生命的禁区——荒漠！白天温度可达八十九摄氏度，就连夜间也是五十九摄氏度的高温。

生命之水啊！它的毒性却如同砒霜一样，颜色倒是五颜六色的夺人眼球，但不再令人赏心悦目……

试问：这样的地球还是生命的摇篮吗？这样的地球还会有生命存在吗？你能说造成这幅景象的罪魁祸首不是人类吗？

在曾经绵延于中国西南方的青藏高原上（当然，高原也变成了荒漠）眺望远方，你会看见黑色的汪洋。说是汪洋是因为全球变暖导致了气温升高，南北两极的冰山和高山积雪都彻底融化。所以你能明白了，海平面升高的不止一星半点儿。

说是黑色的汪洋是因为水体污染，含重金属物质增多，毒性比砒霜还更胜一筹。然而，居然还有几个宇航员打扮的人在这里艰难的生活。一人焦急地说："大哥，可燃冰不多了，能供的清洁能源今天就会用完，并且氧气机从空气中提取的氧气也不足以撑过今晚了。"另一个人也附和地说道："是啊！大哥，我们已经断粮好几天了，我都要饿死了！"两人面露焦急之色看向所谓的大哥。他叹了一口气说："人类文明就要断送在我们自己的手中，我们又怨得了谁呢？就这样吧！我们也要为自己的过失赎罪了。"他闭上眼睛想起过去的种种，没有做过一件对得起地球母亲的事。其他两人也陷入了深深的沉思，三人灰白的脸上都充满了对地球母亲深深的愧疚。

午夜，一个木工厂老板、一个矿工厂老板和一个化工厂老板一起离开了人世。死的时候痛苦不已，不停地在对地球母亲诉说着不肖子的歉意。可是有用吗？过错既已造成又如何挽回呢？

不知多少年后，一艘宇宙飞船进入地球，拍摄了几组照片与视频带回了自己的星球。用来告诫自己星球的人，务必保护环境，别像愚昧无知的地球人一样，葬送了自己和子子孙孙的家园。

人类科技没有质的飞跃前，地球就是我们唯一的家园。别再抱着类似的幻想企图为贪婪找借口；别让人类文明淹没在时间长河里；也别让人类成为外星人的反面教材。